# Desigualdades de gênero, raça e etnia

SÉRIE TEMAS SOCIAIS CONTEMPORÂNEOS

*Ana Paula Comin de Carvalho*
*Cristian Jobi Salaini*
*Débora Allebrandt*
*Nádia Elisa Meinerz*
*Nilson Weisheimer*

# Desigualdades de gênero, raça e etnia

**EDITORA intersaberes**

Rua Clara Vendramim, 58 . Mossunguê
CEP 81200-170 . Curitiba . PR . Brasil
Fone: (41) 2106-4170
www.intersaberes.com
editora@editoraintersaberes.com.br

CONSELHO EDITORIAL
Dr. Ivo José Both (presidente)
Drª Elena Godoy
Dr. Nelson Luís Dias
Dr. Neri dos Santos
Dr. Ulf Gregor Baranow

EDITORA-CHEFE
Lindsay Azambuja

SUPERVISORA EDITORIAL
Ariadne Nunes Wenger

ANALISTA EDITORIAL
Ariel Martins

PROJETO GRÁFICO
Raphael Bernadelli

CAPA
Igor Bleggi

FOTOGRAFIA DA CAPA
Raphael Bernadelli

1ª edição, 2012.

Foi feito o depósito legal.

Informamos que é de inteira responsabilidade dos autores a emissão de conceitos.

Nenhuma parte desta publicação poderá ser reproduzida por qualquer meio ou forma sem a prévia autorização da Editora InterSaberes.

A violação dos direitos autorais é crime estabelecido na Lei nº 9.610/1998 e punido pelo art. 184 do Código Penal.

Dados Internacionais de Catalogação na Publicação (CIP)
(Câmara Brasileira do Livro, SP, Brasil)

Desigualdades de gênero, raça e etnia/Ana Paula Comin de Carvalho... [et al.]. Curitiba: InterSaberes, 2012.
(Série Temas Sociais e Contemporâneos).

Outros autores: Nilson Weisheimer, Nádia Elisa Meinerz, Débora Allebrandt, Cristian Jobi Salaini
Bibliografia
ISBN 978-85-8212-487-1

1. Desigualdade social 2. Relações de gênero 3. Relações étnicas 4. Relações raciais I. Carvalho, Ana Paula Comin de. II. Weisheimer, Nilson. III. Meinerz, Nádia Elisa. IV. Allebrandt, Débora. V. Salaini, Cristian Jobi. VI. Título. VII. Série.

12-09595            CDD-305.8

Índices para catálogo sistemático:
1. Desigualdades de gênero, raça e etnia: Ciências sociais 305.8

EDITORA AFILIADA

# Sumário

*Apresentação, IX*

## ( 1 ) Desigualdade e diferenciação social, 11

1.1 Conceituando desigualdade social, 14

1.2 Mecanismos de manutenção das desigualdades sociais, 15

1.3 Reflexos das desigualdades sociais, 16

1.4 Formas de explicação sociológica das desigualdades sociais, 17

1.5 Histórico da problematização das desigualdades sociais, 18

1.6 Diferenciação social, 19

1.7 Fatores geradores de diferenciação social, 20

1.8 Relações entre desigualdade e diferenciação social, 20

( 2 ) Estratificação e mobilidade social, 25

    2.1   O que é estratificação social?, 28

    2.2   Formas históricas de estratificação social, 30

    2.3   Mobilidade social, 32

    2.4   Tipos de mobilidade social, 33

    2.5   Sociedades abertas e fechadas, 35

    2.6   Fatores relacionados com a mobilidade social, 36

( 3 ) Relações sociais de gênero, 43

    3.1   Estudos sobre mulheres, 47

    3.2   Diferenciando sexo e gênero, 51

    3.3   Gênero e dominação masculina, 54

    3.4   Gênero no plural, 58

( 4 ) Feminismo e ciência, 63

    4.1   Feminismo com base no ponto de vista histórico, 66

    4.2   Estudos feministas: entre o fazer ciência e o questioná-la, 67

    4.3   Um novo paradoxo para os feminismos: novas tecnologias reprodutivas, 69

    4.4   O estudo das novas tecnologias reprodutivas no Brasil, 73

( 5 ) Desigualdades de gênero no Brasil, 79

    5.1   Gênero e violência, 83

    5.2   Gênero, família e reprodução, 87

    5.3   Sexualidade, 89

( 6 ) Sobre as teorias raciais, 97

    6.1   Breve histórico das ideias sobre "raça", 101

    6.2   Debate sobre "raça" no Brasil, 105

    6.3   O sentido do debate racial, 108

( 7 ) Teorias da etnicidade, 113

    7.1   Da raça à etnia, 116

    7.2   Grupos étnicos e suas fronteiras, 118

    7.3   Minorias étnicas, 120

    7.4   Alguns exemplos brasileiros para reflexão, 121

( 8 ) Desigualdades étnico-raciais no Brasil, 127

    8.1   Os dados estatísticos sobre a desigualdade racial, 130

    8.2   Pensando a desigualdade racial, 133

( 9 ) Preconceito e discriminação, estereótipos e estigmas, 141

    9.1   Mas, afinal, o que é o preconceito?, 144

    9.2   Componentes do preconceito, 146

    9.3   Diferenciando preconceito e discriminação, 147

    9.4   Mecanismos de manutenção do preconceito, 150

    9.5   Estereótipos e estigmas, 151

( 10 ) O combate às desigualdades, 155

    10.1   O debate teórico sobre a igualdade, 158

    10.2   O histórico das políticas públicas de ação afirmativa, 162

Referências, 169

Gabarito, 173

# Apresentação

Este livro foi elaborado para promover uma abordagem a respeito de uma temática extremamente relevante, complexa e atual: as desigualdades de gênero, raça e etnia. Para atender a esse desafio, contamos com a colaboração de um conjunto de professores e pesquisadores dedicados ao estudo dessas questões: Ana Paula Comin de Carvalho (capítulos 1, 7, 9 e 10), Nilson Weisheimer (capítulo 2), Nádia Elisa Meinerz (capítulos 3 e 5), Débora Allebrandt (capítulo 4) e Cristian Jobi Salaini (capítulos 6, 7 e 8).

Iniciamos esta obra definindo e distinguindo conceitos que normalmente são tomados como sinônimos ou confundidos entre si: desigualdade e diferenciação social. Na sequência, mostramos como as ciências sociais têm pesquisado esses fenômenos por meio de critérios de estratificação e tipologias de mobilidade social. Tais assuntos compõem os dois primeiros capítulos e são pré-requisitos para a compreensão da discussão dos tipos específicos de desigualdade que são abordados nas demais seções do livro.

Os três capítulos seguintes são dedicados ao debate sobre gênero. A partir da sua leitura, o aluno percebe o estreito vínculo entre as discussões travadas pela militância feminista e o desenvolvimento dos estudos científicos sobre as desigualdades presentes nas relações sociais entre homens e mulheres. Outras três seções são dedicadas aos temas da raça e da etnicidade, apresentando a evolução do debate sociológico e antropológico sobre as hierarquias que se constroem a partir dessas noções. Procuramos demonstrar, nesses capítulos, que os sentidos atribuídos às diferenças sexuais, físicas e culturais são socialmente construídos e geralmente contribuem para a justificação e a manutenção das desigualdades existentes.

No nono capítulo, abordamos conceitualmente as crenças preconceituosas, as ações discriminatórias, as rotulações pejorativas e as condutas excludentes que perpassam as relações de gênero, raça e etnia. Por fim, tratamos das formas de combate às desigualdades sociais, com ênfase nas políticas afirmativas voltadas para mulheres e grupos étnicos.

# ( 1 )

## Desigualdade e diferenciação social

*Ana Paula Comin de Carvalho possui graduação em Ciências Sociais (2001) e mestrado (2004) e doutorado (2008) em Antropologia Social pela Universidade Federal do Rio Grande do Sul (UFRGS). Tem experiência na área de antropologia, com ênfase em antropologia das populações afro-brasileiras, pesquisando principalmente os seguintes temas: identidade étnica, territorialidade, comunidades remanescentes de quilombos, quilombos urbanos e patrimônio imaterial.*

*Ana Paula Comin de Carvalho*

Neste capítulo, iniciamos o estudo do fenômeno das desigualdades de gênero, raça e etnia, analisando os conceitos de desigualdade e diferenciação social. Os dois termos encontram-se profundamente relacionados, mas são aspectos distintos do fenômeno da distribuição desigual dos recursos socialmente valorizados. Primeiramente, apresentaremos a definição de desigualdade social, identificaremos os principais mecanismos de sua manutenção e traremos um breve histórico da abordagem das desigualdades sociais e as matrizes teóricas de sua explicação.

Num segundo momento, abordaremos o conceito de diferenciação social e analisaremos os principais fatores que a produzem. Por fim, discutiremos as relações que se estabelecem entre desigualdade e diferenciação social.

## (1.1)
## Conceituando desigualdade social

Como a própria expressão denota, a *desigualdade social* é um fenômeno social, cultural e histórico exterior ao indivíduo, não sendo, portanto, determinado por condições naturais, biológicas ou por herança genética. Desse modo, é necessário ter presente que ninguém nasce desigual, mas, com grande frequência, as pessoas nascem em condições desiguais.

Segundo o sociólogo Guilherme A. Galliano (1981), quando falamos de desigualdade social, estamos nos referindo ao fato de existirem hierarquias entre pessoas e grupos sociais, nas quais os indivíduos que ocupam posições superiores possuem vantagens em relação aos que ocupam posições inferiores. Essas vantagens ou privilégios dizem respeito às formas de acesso e distribuição de bens socialmente valorizados – a propriedade, o capital, o poder e a informação, por exemplo. Essa distribuição é sempre ordenada por normas, o que a torna um componente da estrutura de grupos e sociedades.

Tal como aqui propomos, a desigualdade social refere-se à existência de privilégios na distribuição de bens sociais, possuindo certas características básicas que passaremos a descrever:

1. A DESIGUALDADE É UM FENÔMENO SOCIAL – As desigualdades de gênero, raça e etnia não são fatores biológicos ou naturais, mas sim artificiais, no sentido de serem uma criação humana.
2. A DESIGUALDADE É UM FENÔMENO ONIPRESENTE – Pode ser verificado em todas as sociedades humanas.
3. A DESIGUALDADE ADQUIRE DIFERENTES CONFIGURAÇÕES – As desigualdades mudam de forma e de conteúdo em cada época histórica e tipo de sociedade.
4. A DESIGUALDADE INFLUENCIA AS CONDIÇÕES DE VIDA DAS PESSOAS E DOS GRUPOS SOCIAIS – Isso implica reconhecer que as desigualdades potencializam conflitos e contradições entre pessoas e coletividades distintas.

Com base no que vimos até o momento, podemos concluir que as desigualdades sociais poderiam ser diminuídas se os bens socialmente valorizados fossem melhor distribuídos.

(1.2)
# Mecanismos de manutenção das desigualdades sociais

Conforme Galliano (1981), algumas normas que ordenam a distribuição de bens sociais consistem em leis e regras formais, como a legislação eleitoral, mas há outras informais e bastante difusas, como a moda e as regras de etiqueta. Elas geralmente atendem aos interesses daqueles que as estabelecem. Os prejudicados sujeitam-se às normas por causa das sanções que garantem a coercitividade destas, isto é, a sua obediência deve-se ao receio de ser penalizado ou constrangido pelos demais.

Contudo, essas regras não se transmitem naturalmente, tendo de ser aprendidas pelos novos membros da sociedade por meio dos processos de socialização, que contribuem para a perpetuação das diferentes formas de desigualdade social. A família e a escola são as instituições nas quais aprendemos as normas de nossa sociedade. Isso não quer dizer que não possam vir a ocorrer mudanças, já que nenhum elemento da estrutura social é imutável. As transformações acontecem porque a eficácia das sanções e da socialização varia entre os diferentes grupos sociais.

## (1.3)
## Reflexos das desigualdades sociais

Como aponta Galliano (1981), a desigualdade social possui relações de interdependência com outras instituições da sociedade, como o Estado, a família e a economia. Há uma estreita correlação entre a soma de privilégios acumulados por um indivíduo ou grupo na distribuição dos bens sociais e as posições que ele ocupa em outras instituições da sociedade. Tomemos o exemplo de um homem rico, que goza de muitos privilégios sociais. Certamente, ele será muito influente na economia e na política.

Assim, a desigualdade afeta as oportunidades (mortalidade infantil, esperança média de vida, incidência de doenças, taxa de natalidade, entre outras) e o estilo de vida dos indivíduos (tipo de bairro e moradia das famílias, atividades de lazer, produtos culturais que consome). Uma criança pobre tem muitas chances de morrer durante a infância, pois vive geralmente em condições insalubres, sujeita a todos os tipos de doenças. A condição social desta implicará que more numa habitação precária e que suas atividades de lazer sejam bastante restritas.

## (1.4)
## Formas de explicação sociológica das desigualdades sociais

De acordo com Galliano (1981), as formas de explicação sociológica das desigualdades sociais podem ser divididas em três tipos: a concepção dicotômica, os esquemas de graduação e o esquema funcional.

A concepção dicotômica vê a exploração econômica como o principal fator de desigualdade. Nessa perspectiva, os indivíduos que detêm os meios de produção – os burgueses – têm acesso privilegiado aos bens sociais, em detrimento daqueles que não detêm tais meios – os operários. Um exemplo de explicação sociológica nesses termos é a interpretação de Karl Marx.

Nos esquemas de graduação, um fator (a renda) ou a combinação de fatores (renda, tipo de trabalho e grau de instrução) são empregados para explicar as desigualdades sociais. De acordo com esse ponto de vista, esses elementos são determinantes no que se refere ao acesso a bens sociais. A interpretação de Max Weber é um modelo dessa concepção.

No esquema funcional, a divisão social do trabalho é vista como a geradora das desigualdades sociais. A diferenciação e a especialização no âmbito do trabalho produzem desigualdades entre os membros de sociedades que antes realizavam as mesmas tarefas. Um exemplo da aplicação desse esquema é a interpretação de Émile Durkheim.

## (1.5) Histórico da problematização das desigualdades sociais

Segundo o filósofo britânico David Miller (1996), embora a ideia de que os seres humanos são fundamentalmente iguais entre si seja bastante antiga, durante muito tempo ela ficou restrita ao âmbito da crença religiosa (cristianismo: todos são iguais perante Deus). Foi somente com o Iluminismo e as revoluções americana e francesa que a igualdade começou a tornar-se um ideal com força prática.

Essas revoluções, que foram em grande parte apoiadas pela burguesia, que ascendia como grupo social, econômico e politicamente relevante, fizeram cair as leis e os privilégios da ordem feudal absolutista. Com elas, também surgiram as primeiras declarações dos direitos do homem e do cidadão: a Declaração de Virgínia, de 1776, e a Declaração Francesa, de 1789.

Na passagem do sistema feudal para o capitalista, o conceito de honra, que era para poucos, foi sendo progressivamente substituído pelo de dignidade. Por meio deste, todo ser humano, independente do seu *status* social, é considerado digno de respeito.

Mas o capitalismo não acabou com as desigualdades sociais. Ao contrário, tornou-as ainda mais agudas. Por essa razão, não foi a única alternativa encontrada para combatê-las. Em 1917, eclodiu a Revolução Russa, com o objetivo de implantar uma sociedade socialista. Operários e, posteriormente, mulheres, nações colonizadas, grupos étnicos e raciais organizaram-se para combater as desigualdades sociais que lhes atingiam, buscando ampliar os direitos sociais. Na atualidade, não se discute mais apenas a igualdade, mas o direito à diferença, como veremos em outras aulas de forma mais detalhada.

## (1.6)
## Diferenciação social

Temos de ter cuidado para não confundir o conceito de desigualdade com outro conceito muito próximo a ele: o de diferenciação social, que se refere, segundo o sociólogo britânico Tom Bottomore (1996), às diferenças entre grupos ou categorias particulares de indivíduos que se constituem como fatos sociais, isto é, às diferenças tidas como significativas nas relações sociais.

Entre os tipos mais importantes de diferenciação, encontram-se as estabelecidas entre os sexos, entre os grupos etários, étnicos e linguísticos, entre categorias profissionais e entre classes e grupos de *status*.

As distinções entre grupos tribais, comunidades políticas, impérios e Estados-nações modernos, assim como as existentes entre adeptos das principais religiões mundiais, ou das inúmeras crenças menores que delas brotaram, têm sido uma força poderosa, tanto na união como na segregação de grupos, levando-os geralmente a conflitos entre si.

(1.7)
# Fatores geradores de diferenciação social

Conforme Bottomore (1996), o estudo mais sistemático das diferenciações sociais iniciou-se a partir dos séculos XVIII e XIX, quando o tema passou a estar cada vez mais ligado ao desenvolvimento econômico e à especialização das profissões. Estudiosos como Adam Smith e Herbert Spencer apontaram a divisão social do trabalho e o tipo de sistema econômico como elementos básicos na diferenciação social. Embora esses fatores sejam muito importantes, eles não são os únicos. O rápido desenvolvimento de uma economia monetária, o crescimento das cidades, a mobilidade dos indivíduos e o surgimento de novos interesses sociais e culturais são alguns dos elementos considerados pelo sociólogo alemão Georg Simmel (1967) na análise que ele faz do crescimento do individualismo e da diversificação de grupos sociais. Em sentido inverso, o desenvolvimento da sociedade de massas no século XX contribuiu para uma relativa homogeneização cultural.

(1.8)
# Relações entre desigualdade e diferenciação social

Bottomore (1996) aponta que as diferenças estabelecidas entre os sexos, as raças, as etnias e as nações têm adquirido destaque no pensamento social contemporâneo, graças à importância dessas questões nas sociedades modernas. Em geral, verifica-se que as distinções sociais que dão ênfase a fatores biológicos visam estabelecer ou reforçar algum tipo de desigualdade.

Por outro lado, os indivíduos nascem em grupos e categorias particulares distintas que têm acesso desigual aos bens sociais. Isso colabora, em grande medida, para determinar seu caráter, sua perspectiva, suas oportunidades e suas realizações. Sendo assim, desigualdade e diferenciação social estão intimamente relacionadas e estruturam as formas de vida em qualquer sociedade.

A vida dos indivíduos na sociedade é fortemente determinada, simultaneamente, pela diferenciação social (que os situa num grupo específico) e pela desigualdade social (que os situa em relação à distribuição de bens sociais). A primeira diz respeito à conformação de grupos sociais, e a segunda refere-se à construção de hierarquias sociais.

*Figura 1.1 – Diferença entre diferenciação social e desigualdade social*

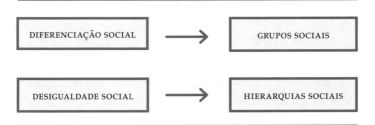

| Por que estudar as desigualdades sociais e os processos de diferenciação?

Como vimos, a análise das desigualdades sociais e dos processos de diferenciação contribui para a compreensão da relação entre indivíduo e sociedade, tema primordial das ciências sociais. Portanto, não podemos, para entender e intervir no mundo em que vivemos, furtar-nos de estudar e compreender os mecanismos de produção, reprodução e manutenção das desigualdades sociais.

( . )
## Ponto final

Neste capítulo, tratamos do conceito de desigualdade social, que se define por uma distribuição desigual de bens sociais, ordenada por normas, no interior de um grupo ou sociedade. Vimos que essas normas podem ser legais ou informais e que são obedecidas graças às sanções legais e morais impostas a quem as desobedece e à internalização das regras por meio da socialização. Conhecemos os três tipos de explicação sociológica para as desigualdades sociais: a concepção dicotômica, os esquemas de graduação e o esquema funcional.

Traçamos também um breve histórico da problematização das desigualdades sociais. Fizemos a distinção entre esse fenômeno e a diferenciação social, processo pelo qual determinadas características (físicas, culturais ou políticas) são consideradas relevantes para a constituição de categorias distintas de indivíduos em diferentes escalas das relações sociais. Identificamos os fatores geradores da diferenciação social – divisão social do trabalho, tipo de sistema econômico, dinheiro, urbanização, mobilidade – e as suas relações com as desigualdades sociais. Por fim, mostramos que devemos estudar as desigualdades sociais e os processos de diferenciação para entender a relação entre indivíduo e sociedade.

*Indicações culturais*

DHNET. Disponível em: <http://www.dhnet.org.br>. Acesso em: 19 ago. 2008.

Nesse *site*, você encontrará um conjunto de informações sobre a história dos direitos humanos no mundo e no Brasil, isto é, da luta para diminuir as desigualdades sociais ao longo do tempo.

## Atividades

1. Defina desigualdade social.
2. Quais são os mecanismos de manutenção das desigualdades sociais?
3. O que é diferenciação social?

( 2 )

Estratificação e
mobilidade social

*Nilson Weisheimer possui graduação em Ciências Sociais (2001) e mestrado (2004) e doutorado (2008) em Sociologia pela Universidade Federal do Rio Grande do Sul (UFRGS). Dedica-se com maior ênfase às pesquisas relacionadas a políticas públicas, desenvolvimento, agricultura familiar, relações de gênero, juventudes e projetos profissionais.*

*Nilson Weisheimer*

À medida que a sociedade humana se desenvolve, ela vai se tornando cada vez mais complexa. A complexidade de uma sociedade pode ser identificada por sua diferenciação interna, de modo que podemos dizer que as sociedades complexas são internamente diferenciadas.

Como vimos no capítulo anterior, quando as diferenças sociais são usadas como fundamento da distribuição desigual de recursos e poder, criando relações de dominação e atribuindo às pessoas e aos grupos sociais posições numa hierarquia social, deparamo-nos com a produção de desigualdades sociais. Os cientistas sociais utilizam critérios de estratificação para descrever as desigualdades existentes entre indivíduos e grupos nas sociedades humanas. Neste capítulo, vamos conhecer as formas históricas de estratificação, assim como os diferentes tipos de mobilidade social, e os fatores relacionados ao deslocamento dos sujeitos entre os estratos sociais.

# (2.1)
## O que é estratificação social?

Embora seja possível construir uma extensa ordenação dos graus em que os indivíduos têm acesso e controle sobre os recursos valorizados – renda monetária, propriedades, poder e prestígio, entre outros –, a abordagem adotada pelas ciências sociais é a de analisar essa distribuição como uma manifestação coletiva, por meio do estabelecimento de um conjunto de estratos sociais. Isso permite que a sociedade possa ser estudada a partir da constituição da diferença entre grupos sociais dispostos de maneira hierarquizada, formando diferentes camadas superpostas.

Nesse sentido, o sociólogo britânico Anthony Giddens (2005, p. 234) escreveu de maneira bastante simples que: "A estratificação social pode ser definida como as desigualdades estruturadas entre diferentes agrupamentos de pessoas". Em resumo, podemos dizer que a estratificação social é um critério científico para estudarmos as diferenças e as desigualdades entre pessoas e grupos em uma sociedade ou em uma parte dela, permitindo identificar a posição que cada um ocupa na estrutura social.

Segundo David Grusky (1996), o objetivo da pesquisa que utiliza estratificação social é especificar a forma e os contornos desses distintos grupos sociais. Isso para descrever os processos pelos quais se faz a alocação dos indivíduos em diferentes condições sociais de existência, a fim de revelar os mecanismos institucionais por meio dos quais são geradas e mantidas as desigualdades sociais.

ATENÇÃO! Valer-se da análise da estratificação social torna-se importante à medida que se reconhece uma distribuição desigual dos recursos socialmente valorizados, com indivíduos, famílias e grandes grupos sociais tendo mais acesso a tais recursos e desfrutando em volume maior que outros de propriedade, de poder e de prestígio. Com efeito, as posições dos sujeitos em relação ao acesso desigual dos recursos e recompensas constituem a base dos esquemas de estratificação social. Assim, podemos dizer que a estratificação permite o estudo das desigualdades sociais, mas que elas não se reduzem à estratificação social.

Existem outros mecanismos que produzem desigualdades e que não correspondem a estratos sociais. Entre eles, estão aqueles que se estabelecem entre homens e mulheres, que denominamos desigualdades de gênero; os verificados entre brancos, negros e indígenas, que são desigualdades étnicas e raciais; e aqueles que se evidenciam entre jovens, adultos e idosos, que formam as desigualdades geracionais.

Contemporaneamente, esses tipos de desigualdades podem ser verificados em diferentes estratos sociais. Podem mesmo determinar a posição dos sujeitos em relação ao estrato, porém não correspondem eles próprios às formas de estratificação predominantes nas sociedades modernas.

(2.2)

# Formas históricas de estratificação social

De acordo com Giddens (2005), historicamente a humanidade conheceu basicamente quatro sistemas de estratificação social: escravidão, casta, estamentos e classes. Esses diferentes sistemas de estratificação social encontram-se sistematizados no Quadro 1.

*Quadro 2.1 – Sistema de estratificação, vantagens, tipos de estratos e formas de mobilidade*

| SISTEMA DE ESTRATIFICAÇÃO | VANTAGENS MAIORES | ESTRATO SUPERIOR | ESTRATO INFERIOR | FORMA DE MOBILIDADE |
|---|---|---|---|---|
| Escravidão | Força de trabalho | Senhores de escravos | Escravos | Apropriação forçada – guerra |
| Casta | Pureza étnica | Brâmanes | Intocáveis | Hereditariedade |
| Estamentos | Terra e força de trabalho | Aristocracia | Servos | Hereditariedade |
| Classes | Meios de produção | Capitalistas | Proletários | Competição mercantil |

FONTE: GRUSKY, 1996.

A mais antiga forma de estratificação foi a ESCRAVIDÃO, que se caracterizou como uma forma extrema de desigualdade social, uma vez que estabelecia que certos indivíduos eram propriedade de outros, sendo os escravos o estrato social mais baixo nesse tipo de formação social. Nesse sistema de estrato, a mobilidade se realizava pela apropriação forçada de indivíduos por meio da conquista e escravização de povos derrotados em batalhas, assim como a rara conquista da liberdade ocorria pela vitória em guerras de libertação.

A CASTA é uma forma de estratificação social que se vincula às culturas do subcontinente indiano e que se fundamenta no reconhecimento de *status* e prestígio atribuído por hereditariedade, típicos das prescrições da crença hindu, a qual apresenta o tabu que, se o indivíduo não é fiel aos rituais e aos deveres de sua casta, renasce em uma posição inferior na próxima encarnação.

Os ESTAMENTOS fazem parte das formas tradicionais de organização social que incluem o feudalismo europeu e outras formações sociais pré-capitalistas. Nas sociedades estamentais, os estratos formam-se por meio da imposição de obrigações e regras morais, que reproduzem os ofícios de geração a geração. Nelas, temos a nobreza, o clero e a plebe, cujo pertencimento social era estabelecido pelo nascimento, ou seja, atribuído hereditariamente.

As CLASSES correspondem ao sistema de estratificação das sociedades modernas, o que equivale ao período do capitalismo. Podemos definir uma classe social como um amplo grupo de pessoas que ocupam a mesma posição nas relações sociais de produção, que corresponde a uma dada posição em relação ao mercado de bens e capital, por exemplo, comprador ou vendedor de força de trabalho.

Logo, ser ou não ser proprietário dos meios de produção – como terras, fábricas, máquinas e equipamentos, tecnologias, fontes de energia etc. – e o volume dessa posse determinarão a posição de classe do indivíduo, sua fonte de renda, seu acesso ao conhecimento e seu estilo de vida. Este último pode ser considerado um sistema de estratificação aberto, uma vez que é possível aos indivíduos ascenderem ou descenderem de estratos sociais, conforme suas capacitações e méritos pessoais ou sociais.

## (2.3) Mobilidade social

Podemos definir mobilidade social como o movimento de indivíduos e grupos de um estrato social a outro, de uma posição de classe ou *status* a outra, ou mesmo como uma mudança de ocupação ou profissão. Em qualquer desses casos, a mobilidade social implica o deslocamento entre posições socioeconômicas diferentes.

Desse modo, segundo Rodolf Stavenhagen (2004, p. 240), devemos reconhecer que "a mobilidade social implica num [sic] movimento significativo na posição econômica, social e política" de um indivíduo ou grupo. Essa mobilidade pode ser observada de modo individual ao longo da vida de uma única pessoa, ou pode ser vista de modo coletivo, como a mobilidade realizada por uma família, um grupo social, uma região ou mesmo uma nação inteira. Isso implica reconhecer que há diferentes tipos de mobilidade social.

Vale ressaltar que, ao estudarmos a estratificação social, devemos considerar não apenas as posições econômicas, de *status* e de poder, mas também o que acontece com indivíduos, famílias e outros grupos sociais. Nesse sentido, os sociólogos buscam estudar os diferentes fatores que contribuem para a mobilidade social, procurando inclusive identificar o ritmo dessas mudanças e fazer comparações entre diferentes contextos para conhecer os tipos de sociedade em que vivemos.

## (2.4)
## Tipos de mobilidade social

Como já mencionamos, existem diferentes tipos de mobilidade social que são denominados: mobilidade vertical, mobilidade horizontal, mobilidade intergeracional e mobilidade intrageracional.

A MOBILIDADE VERTICAL refere-se às mudanças de subida ou descida de um estrato social a outro, quando um indivíduo passa de uma classe social para outra, de uma posição de prestígio ou poder a outra. Essa forma de mobilidade pode ser ascendente, quando o indivíduo sobe na hierarquia social, ou descendente, quando este passa a ocupar uma posição inferior.

Exemplificando: quando um agricultor, que não tem terra e trabalha em regime de parceria na área de terceiro, consegue capitalizar-se e adquire uma área de terra sua, passando a ser o proprietário desse meio de produção, observamos uma mobilidade vertical ascendente. Já um agricultor que, por diferentes motivos, descapitaliza-se a ponto de ter de vender sua propriedade e trabalhar como assalariado, constitui uma situação de mobilidade vertical descendente.

A MOBILIDADE HORIZONTAL refere-se a um deslocamento significativo dentro do mesmo nível social, isto é, não implica alteração da situação de estrato social. Refere-se principalmente a deslocamentos geográficos entre bairros, cidades ou regiões, que podem ser identificados como movimentos migratórios. Muitas vezes, a mobilidade vertical e a horizontal se combinam.

Por exemplo: quando um trabalhador da construção civil, que ganha dois salários mínimos nacionais, muda de ocupação e passa a trabalhar como segurança em um posto de gasolina, ganhando a mesma quantia, temos uma mobilidade horizontal. Quando um agricultor vende sua propriedade de terra e vai para a cidade trabalhar como comerciante, temos a mobilidade horizontal combinada com a vertical, que será ascendente ou descendente conforme os resultados dos rendimentos monetários, do *status* e do poder que isso proporcionar a ele.

A MOBILIDADE INTERGERACIONAL refere-se à mobilidade social que ocorre entre gerações diferentes. Aqui se trata de analisar até que ponto os filhos ingressam na mesma profissão de seus pais e avós. A mobilidade geracional pode também se combinar com a vertical.

Exemplificando: quando a filha de um operário alcança uma educação universitária e forma-se em Medicina, ocorreu uma mobilidade geracional ascendente. Quando o filho de um agricultor familiar busca suceder o pai na gestão da propriedade familiar, não temos mobilidade geracional. Já quando o filho de um proprietário de meios de produção passa a atuar como assalariado no mesmo ramo de atividade, temos a mobilidade geracional combinada com a vertical descendente.

A MOBILIDADE INTRAGERACIONAL é aquela em que podemos observar as alterações de classe, *status* e poder ao longo da vida de um indivíduo ou entre membros de uma mesma geração. Ou seja, quando ocorre a mudança de carreira profissional, produzindo o deslocamento individual entre estratos sociais diversos. Podemos assim analisar até que ponto ele se deslocou para cima ou para baixo na hierarquia social ao longo de sua carreira profissional.

Por exemplo: suponhamos uma família de poucos recursos com três filhos. Quando os filhos concluem o ensino médio, dois deles param de estudar e inserem-se no mercado de trabalho como comerciários, enquanto o outro ingressa no ensino superior, vindo a graduar-se em engenharia civil e a empregar-se em um posto de comando em uma grande empresa. Um deles, vendo o exemplo do irmão, retoma os estudos na área de processamento de dados e monta a sua própria empresa de prestação de serviços. Ao comparamos as trajetórias dos três, verificamos que se estabeleceu entre eles uma mobilidade intrageracional.

## (2.5)
## Sociedades abertas e fechadas

Vimos que todas as sociedades possuem algum sistema de estratificação social. Havendo estratificação, é possível haver mobilidade social nos termos descritos anteriormente. Isso nos permite classificar as sociedades conforme as condições em que indivíduos e grupos sociais experimentam essa mobilidade.

Numa sociedade aberta, existem desigualdades sociais, mas as pessoas e grupos têm a possibilidade de ascender a uma classe social mais elevada. Ao contrário, em uma sociedade fechada, não há possibilidade de ascensão social, e o *status* da pessoa é determinado ao nascer, mantendo-se inalterado por toda a vida. Desse modo, sociedade fechada é aquela em que não é possível identificar mobilidade social. Esse é o tipo de sociedade de casta, em que a posição social dos sujeitos não muda, ou seja, é um *status* atribuído por hereditariedade.

# (2.6)
# Fatores relacionados com a mobilidade social

De acordo com Alfonso Trujillo Ferrari (1983), há diferentes fatores que podem aparecer relacionados à mobilidade social. Estes podem ser classificados em dois tipos: fatores coletivos e fatores individuais.

## Fatores coletivos

Entre os fatores coletivos relacionados com a mobilidade social, podemos destacar os que decorrem das transformações na estrutura ocupacional de municípios, regiões e nações, e os que são definidos como intercâmbio de posições. Vejamos cada um deles.

Com o desenvolvimento das atividades econômicas e de novas forças produtivas, ocorre a demanda por novos tipos de profissionais dotados de novas competências e capacitações. Nesses casos, verifica-se o aparecimento de novas profissões e ocupações, possibilitando, por força das determinações estruturais, a mobilidade social de pessoas e grupos. Esse é o caso do desenvolvimento das tecnologias da informação que gerou novas ocupações e profissões.

Já o intercâmbio de posições corresponde a situações sociais em que membros dos estratos mais baixos acessam recursos que lhes permitem chegar a estratos mais altos por meio da mudança de profissão. Nesse caso, as vagas nos diversos níveis da estrutura social abrem-se pela criação de novos empregos ou pela saída de indivíduos de posições existentes.

Esse tipo de mobilidade também é chamado de *mobilidade estrutural* e pode ser observado no atual processo de industrialização difusa, que se manifesta no deslocamento de plantas industriais para cidades onde prevalecia a atividade agrícola, gerando possibilidades de deslocamento ocupacional de parcelas da população até então ocupadas exclusivamente na agricultura.

## Fatores individuais

De modo geral, os sociólogos, principalmente os norte-americanos que analisam a mobilidade social, entre eles Bruce Cohen (1980), identificam como fatores individuais mais significativos: a educação, a família, o casamento, a etnia e a gratificação adiada.

Em geral, o grau de escolaridade que um indivíduo possui é diretamente relacionado com o tipo de ocupação e o valor de sua remuneração. Nesse sentido, o papel principal da escolarização formal é o de fornecer ao indivíduo a qualificação necessária para sua inserção no mercado de trabalho em uma posição valorizada.

O tamanho da família também aparece relacionado com os processos de mobilidade social. Estudos empíricos constatam que, quanto maiores as famílias, mais difícil torna-se para as camadas subalternas assegurarem as condições necessárias para os filhos ascenderem na hierarquia social, chegando-se à conclusão de que, nas sociedades industriais, as famílias com menor quantidade de membros apresentavam, com maior frequência, mobilidade intergeracional.

Contudo, o mesmo não pode ser dito para grupos familiares agrícolas, nos quais a força de trabalho é realizada pela família. Nesse caso, um número maior de filhos representa maior capacidade de produção, podendo elevar os rendimentos da propriedade em determinado período do ciclo familiar e propiciando investimentos que possibilitam a mobilidade.

O casamento aparece relacionado com frequência à mobilidade horizontal das populações, uma vez que pode ser acompanhado da constituição de novas unidades domésticas em outras localidades. Também pode ser vinculado à mobilidade vertical, quando se estabelece uma relação matrimonial com uma pessoa de um estrato superior.

Constata-se que certos grupos étnicos e raciais são discriminados na alocação de recursos socialmente valorizados, assim como no acesso às oportunidades que possibilitam a ascensão social. Esse é o caso da persistente discriminação contra negros e indígenas, que, além das determinações estruturais, sofrem preconceito étnico-racial no pleito de colocação profissional em postos de comando. Assim, a origem étnica aparece como fator que influencia as oportunidades do indivíduo em conseguir mobilidade vertical ascendente.

Por fim, a gratificação adiada refere-se ao adiamento de vantagens imediatas, para que o indivíduo invista seus recursos em objetivos futuros, que propiciarão mais renda e posição social. Isso pode estar relacionado à capacidade individual de estabelecer projetos de médio e longo prazo e orientar suas ações pela busca de sua concretização. Nesse caso, os indivíduos que adiam suas gratificações quando são jovens apresentam mais possibilidades de ascender do que os que buscam gratificação imediata.

(.)
# Ponto final

Neste capítulo, apresentamos as teorias sobre estratificação e mobilidade social. Verificamos que a estratificação social é um critério usado pelos pesquisadores para analisar as desigualdades sociais entre pessoas e grupos em uma sociedade, permitindo identificar a posição que cada um ocupa na estrutura social. Identificamos os diferentes tipos históricos de estratificação: escravidão, casta, estamentos e classes. Vimos ainda os principais critérios para estabelecermos uma estratificação social que correspondam às posições de classe ou de *status*.

Também tomamos contato com o debate sobre a mobilidade social, a qual se refere ao deslocamento entre estratos sociais. Verificamos os diferentes tipos de mobilidade: a vertical, a horizontal, a intergeracional e a intrageracional. Além disso, conhecemos os fatores relacionados à mobilidade, os quais se classificam em dois tipos: os coletivos e os individuais.

*Indicação cultural*

SILVA, G. B. da. Critérios de estratificação social. *Revista de Saúde Pública*, São Paulo, v. 15, p. 38-45, 1981. Disponível em: <http://www.scielo.br/pdf/rsp/v15n1/05.pdf.html>. Acesso em: 14 ago. 2008.

Para saber mais sobre o tema da estratificação social, acesse o texto de Graciete Borges da Silva através do *site* dado.

# Atividades

1. De acordo com o sociólogo inglês Anthony Giddens (2005), a estratificação social pode ser definida como:
   a. o resultado direto da apropriação privada das riquezas socialmente produzidas.
   b. a manifestação das diferenças naturais existentes entre pessoas e grupos sociais.
   c. uma manifestação que se encontra em todas as formações sociais ao longo da história humana.
   d. as desigualdades estruturadas entre diferentes agrupamentos de pessoas.

2. Com base na leitura do capítulo, assinale a alternativa correta quanto ao que é mobilidade social:
   a. É o movimento de classes sociais de uma condição de poder político e de liderança social.
   b. É o deslocamento significativo dentro do mesmo nível social e não implica alteração da situação de estrato social.
   c. É o movimento de indivíduos e grupos de um estrato social a outro, de uma posição de classes ou *status* a outra, ou mesmo uma mudança de ocupação ou profissão.
   d. É a mudança da situação de prestígio que não é acompanhada por mudanças de poder e condição financeira.

3. Existem diferentes tipos de mobilidade social. Assinale a alternativa correta quanto às definições dos tipos de mobilidade social apresentados a seguir:
   I. A mobilidade vertical refere-se às mudanças de subida ou descida de um estrato social a outro.

II. A mobilidade horizontal refere-se a um deslocamento significativo dentro do mesmo nível social.

III. A mobilidade geracional é aquela em que podemos observar as alterações de classe, *status* e poder ao longo da vida de um indivíduo ou entre membros de uma mesma geração.

a. Apenas a afirmativa I está correta.
b. As afirmativas I e II estão corretas.
c. As afirmativas I e III estão corretas.
d. As afirmativas I, II e III estão corretas.

( 3 )

Relações sociais de gênero

*Nádia Elisa Meinerz é graduada em Ciências Sociais pela Universidade Federal de Santa Maria (UFSM), além de ser mestre e doutoranda em Antropologia Social pela Universidade Federal do Rio Grande do Sul (UFRGS). Pesquisa as temáticas de corpo, saúde, gênero e diversidade sexual.*

Ao longo do último século, acompanhamos algumas transformações nos costumes, nas normas sociais e nos valores relacionados à masculinidade e à feminilidade. Muitas delas estão relacionadas à reivindicação, por parte das mulheres, de mais igualdade social. Conquistas como o direito à educação superior, acesso aos mesmos postos de trabalho e paridade salarial, igualdade política (direito a voto) e criminalização da violência doméstica foram construídas pelo movimento organizado de mulheres, hoje conhecido como *Movimento Feminista*.

Simultaneamente à difusão da militância política, as feministas, em seus diversos movimentos, ocuparam também o espaço acadêmico em busca de inspiração teórica e de legitimidade social para suas ações. Além disso, foram igualmente marcantes, nos últimos 50 anos, as mudanças no campo da sexualidade, tais como a separação entre a atividade sexual e a reprodução (possibilitada pelas tecnologias contraceptivas), a despatologização da homossexualidade, a proliferação das mobilizações coletivas em prol da liberdade de expressão e da orientação sexual e o advento da epidemia da Aids. Todas essas transformações históricas influenciam decisivamente as relações de gênero.

Nesse contexto, abordaremos neste capítulo as formas de desigualdade social que perpassam as relações estabelecidas entre homens e mulheres. Estudaremos as ferramentas que as ciências sociais, especialmente a antropologia, elaboraram para compreender a dinâmica das relações de gênero na realidade social.

Iniciaremos descrevendo aqueles elementos que marcaram o surgimento de uma preocupação com o estudo das diferenças e desigualdades entre homens e mulheres. Essa primeira abordagem, que intitulamos de "Estudos sobre mulheres", caracteriza-se por uma espécie de tomada de consciência em relação à posição subalterna das mulheres na sociedade e pela elaboração de explicações sociológicas para essa desigualdade.

Na sequência, apresentaremos as principais elaborações do conceito de gênero, empregado como ferramenta teórica para a compreensão das diferenças entre homens e mulheres. A partir dessas definições, indicaremos alguns desdobramentos do conceito de gênero.

O primeiro desses desdobramentos é a discussão estruturalista sobre a dominação masculina, a qual percebe a diferença entre masculino e feminino, bem como a dominação masculina como elementos invariantes que estruturam a vida em sociedade. Outro desdobramento consiste na releitura do conceito de gênero pelas teóricas feministas, a partir da contribuição da discussão sobre raça, sexualidade e diversidade cultural.

## (3.1)
## Estudos sobre mulheres

Nas ciências sociais, a discussão sobre a condição feminina tem sua origem na teoria evolucionista, em especial nas elaborações de Henry Morgan (1976) e, posteriormente, de Friedrich Engels, sobre família e diferenciação sexual. Para esses autores, as formas de família e as relações entre homens e mulheres se transformam ao longo da história, seguindo etapas evolutivas.

Engels (1980) argumenta que a submissão das mulheres aos homens é constitutiva do modo de produção capitalista e só poderá desaparecer junto com ele. Para o autor, houve um tempo em que as mulheres governavam a vida em sociedade, em virtude do poder que tinham sobre a procriação.

No entanto, esse domínio feminino entrou em crise com o surgimento da propriedade privada e do modelo de família patriarcal. Essa teoria embasou várias das críticas à condição natural de inferioridade da mulher em relação ao homem e fez prosperar os estudos sobre as condições sociais de opressão feminina.

Entre esses estudos, destacam-se aqueles sobre a existência, num passado remoto, de sociedades matriarcais, nas quais as mulheres detinham o poder e o prestígio em detrimento dos homens[a].

Outro marco no surgimento dos estudos sobre mulheres foi o livro *O segundo sexo*, de Simone de Beauvoir (1949), publicado entre as décadas de 1940 e 1950. Em uma célebre frase, que é tomada ainda hoje como referência tanto na academia quanto no movimento social organizado, a autora resume sua proposição: "A gente não nasce mulher, torna-se mulher".

Nesse sentido, a desigualdade entre homens e mulheres não pode ser pensada como algo que nasce com os indivíduos, e sim como fruto de uma imposição própria da vida em sociedade. Nessa mesma época, a antropóloga Margareth Mead (2000) publicou sua tese sobre a inexistência de uma relação entre o sexo biológico e o temperamento do indivíduo, com base no estudo de três diferentes grupos culturais.

Entre os grupos pesquisados por ela estavam os Arapesh da Montanha, cujo temperamento de homens e mulheres era igualmente dócil e carinhoso. Tanto os homens como as mulheres cuidavam de maneira muito afetuosa das crianças, de tal forma que elas eram o centro da vida na aldeia. Já entre os Mundugmor, tanto homens quanto mulheres eram extremamente agressivos e belicosos, não havendo espaço na sua cultura para manifestações de carinho ou afeto. As crianças, nas aldeias Mundugmor, viviam por sua própria conta, de tal modo que ninguém lhes dava atenção. Ao contrário, muitas vezes elas eram trocadas e vendidas para os inimigos em troca de outros prisioneiros adultos.

---

a. Para uma discussão crítica sobre o mito do matriarcado, ver Bamberger (1979), que, deixando de lado a discussão sobre a existência ou não de tal regime devido à inexistência de provas históricas, chama a atenção para a forma como os mitos sobre o matriarcado reforçam a tese da superioridade masculina.

Um terceiro grupo pesquisado pela autora, à semelhança da nossa sociedade, apresentava uma diferenciação de temperamentos relacionada ao sexo. No entanto, ao contrário do que se passa conosco, entre os Tchambuli são os homens que tomam conta da casa e das crianças, tendo um temperamento mais dócil e afetuoso, enquanto que as mulheres são mais ativas em relação à produção dos meios de subsistência, responsabilizando-se pelo comércio com as outras tribos.

Todos esses elementos inspiraram a realização do curso "As mulheres sob a perspectiva de uma transcultura", no início da década de 1970, o qual resultou na redação de uma coletânea de artigos antropológicos sobre a opressão das mulheres, intitulada *A mulher, a cultura e a sociedade*, organizados pelas autoras Michele Rosaldo e Louise Lamphere. Seu principal propósito era pensar a universalidade da condição de opressão feminina, bem como as razões pelas quais as desigualdades entre os sexos se instauravam nas diferentes sociedades.

Na mesma direção dos trabalhos anteriormente mencionados, elas pretendiam refutar uma explicação causal e simplista de que a inferioridade social das mulheres era fruto de suas características biológicas. Nesse sentido, mostrar que a desigualdade entre homens e mulheres não está inscrita na natureza humana significava, principalmente, que o fenômeno da desigualdade poderia e deveria ser combatido pela modificação da sociedade (1979).

Rosaldo (1979), por meio de revisão crítica dos estudos antropológicos em sociedades não ocidentais, constata que, em todos os povos, em maior ou menor medida, os homens desempenham papéis de maior valor cultural e detêm sempre alguma autoridade sobre as mulheres.

Buscando uma resposta para a diferenciação universal dos papéis sexuais, a autora propõe uma explicação embasada na hierarquização social do espaço ocupado em diferentes sociedades por homens e mulheres. Segundo a autora, em virtude do seu papel de mãe, a mulher estaria mais relacionada à esfera doméstica, enquanto o homem possuiria uma participação mais efetiva na esfera pública. Nesse sentido, os homens são mais valorizados socialmente porque se ocupam de uma esfera social relacionada ao poder e à autoridade. Os exemplos etnográficos apresentados servem também para relativizar a divisão entre o doméstico e o público, já que o grau dessa oposição é variável conforme o contexto cultural. Rosaldo chega à conclusão de que a desigualdade entre homens e mulheres é menor nos grupos em que o homem participa ativamente das tarefas domésticas.

Outra tese relevante, apresentada nessa coletânea, é esboçada por Nancy Chodorow, com base na reflexão sobre a socialização diferenciada de homens e mulheres. Segundo Chodorow (1979), as mulheres são socializadas no ambiente doméstico, em companhia das mulheres mais velhas, as quais lhes transmitem desde cedo uma série de características maternais. Nesse sentido, desde criança as mulheres aprendem as atividades do ambiente doméstico, tornando-se "pequenas mães". Já a experiência de socialização dos homens é radicalmente oposta.

Os meninos precisam aprender a ser homens longe do ambiente doméstico, procurando companhias horizontais (meninos de sua idade) e estabelecendo laços públicos. Isso resulta em diferenças marcantes na psicologia masculina e feminina. Da mesma forma, a partir dessa socialização, o *status* social – a forma como cada sexo é reconhecido socialmente – das mulheres é um *status* atribuído, enquanto o dos homens é um *status* conquistado.

Sherry Ortner também propõe uma explicação para a desigualdade com base nos papéis sociais que eram atribuídos a cada sexo. Para Ortner (1979), enquanto a mulher desempenha funções tidas como instintivas (procriar, cuidar, nutrir a prole), ela é percebida como mais próxima de um estado de natureza. Enquanto isso, o homem é pensado como mais próximo da cultura, porque a ele são delegadas as funções de transformação da natureza em prol da vida em sociedade. Nessa equação, o polo valorizado é o da cultura e da capacidade de transcender as condições naturais e modificá-las ao seu propósito.

Todos esses argumentos explicativos das diferenças sociais entre homens e mulheres tinham a mulher e a sua condição de subordinação ao homem como foco de estudo e intervenção. Os homens, de certa forma, eram vistos como "os vilões da história" porque desempenhavam um papel social de dominadores e opressores das mulheres. Nessa época, a principal ferramenta teórica era a noção de papel sexual, que estava diretamente vinculada às atividades e funções que homens e mulheres desempenhavam socialmente.

(3.2)
## Diferenciando sexo e gênero

Com a difusão dos estudos sobre as mulheres e a condição feminina, emergem as primeiras elaborações do conceito de gênero. Uma das definições mais importantes foi proposta pela antropóloga feminista Gayle Rubin, em 1975, com o termo *sex/gender system*.

O sistema sexo-gênero (como ficou conhecido no Brasil) tinha como objetivo separar os dois diferentes níveis, o biológico e o social, presentes na noção de papéis sexuais. Segundo Rubin (1975), o sistema de sexo-gênero é um conjunto de arranjos por meio do qual a sociedade transforma o sexo biológico em produto da atividade humana e no qual as necessidades do sexo e da sexualidade são satisfeitas.

O principal desses arranjos correlaciona a divisão sexual do trabalho com a organização nuclear da família. Ele opera criando uma oposição e, ao mesmo tempo, uma complementaridade entre os sexos e fazendo com que essa oposição e complementaridade sejam reconhecidas como condições necessárias para a vida em sociedade.

Essa leitura está baseada na teoria de Claude Lévi--Strauss (1982) sobre o parentesco e a passagem da natureza para a cultura e na teoria de Sigmund Freud sobre a sexualidade humana como naturalmente diversa e polimorfa. Nesse sentido, a ênfase da sociedade nas características biológicas faz com que homens e mulheres sejam percebidos como seres incompletos (mutuamente dependentes), transformando a sexualidade dos indivíduos (naturalmente polimorfa) em compulsão à heterossexualidade.

Para Rubin (1975), a instituição do parentesco e simultaneamente da cultura constituem o *locus* da opressão feminina e da opressão a outras minorias sexuais. Influenciada também pela teoria marxista, a autora acredita que, como fruto da atividade humana, tais fontes de opressão podem ser enfrentadas com a luta política. Essa luta não envolve apenas as mulheres, mas também outros sujeitos políticos, como *gays*, lésbicas, transexuais e todos aqueles cuja sexualidade foge ao padrão heterossexual monogâmico.

Outra definição importante do conceito de gênero foi elaborada na década de 1980 pela historiadora Joan Scott.

Essa autora (Scott, 1985) chama a atenção para a necessidade de pensar o gênero em termos relacionais, ou seja, pautando simultaneamente a construção de masculinidades e feminilidades.

Nesse sentido, um dos principais problemas que ela identificou na produção feminista sobre gênero é que as pesquisadoras haviam simplesmente substituído o termo *mulher* por *gênero* para adquirir legitimidade acadêmica, mas continuavam preocupadas exclusivamente com a opressão das mulheres. A proposta de Scott considera que não apenas as mulheres devem ser objetos de estudo, mas também os homens e as diferentes formas de ser homem e de se relacionar com o feminino, em diferentes contextos sociais.

O conceito formulado por Scott (1985) toma o gênero como elemento constitutivo das relações sociais, com base nas diferenças percebidas entre os sexos. Em vista disso, muitas pessoas que utilizam seu conceito propõem falar em relações de gênero e não simplesmente em gênero, que poderia ser apenas um ou outro, masculino ou feminino.

Além disso, uma análise de gênero precisa partir das referências históricas que moldam o sentido da diferença entre os sexos e que constroem as possibilidades de ser masculino ou feminino. Por exemplo: no início do século XX, usar calças compridas e cortes de cabelo curtos era uma prática exclusivamente masculina, proibida para as mulheres, que só podiam vestir saias e vestidos, bem como usar cabelos longos.

Atualmente, as vestimentas e o modo de usar o cabelo continuam, em certa medida, produzindo as diferenças entre homens e mulheres, no entanto, as calças compridas e cortes de cabelos bem curtos foram apropriados pelas mulheres, assumindo formas e significados de sedução propriamente femininos.

Um outro exemplo é o da homossexualidade. Até a metade do século XX, assumir-se publicamente como lésbica era sinônimo da adoção de vestimentas e posturas masculinas. Em outro momento histórico e entre outros estratos sociais, a homossexualidade feminina assumia um sentido de ultrafeminilidade.

Um outro elemento constitutivo do conceito de gênero proposto por Scott (1985) é que as relações de gênero são uma forma primária de expressão das relações de poder. Seguindo a orientação dessa autora, podemos dizer que o gênero não é um reflexo do sexo biológico e, sim, uma construção social. Ao dizer isso, estamos considerando que a atribuição de significados masculinos ou femininos está relacionada aos elementos de classe social, orientação sexual, fase de vida, especificidades étnicas, religiosas, questões políticas, de tal forma que não podemos pensar em um masculino e um feminino e, sim, numa pluralidade de "masculinidades" e "feminilidades".

## (3.3)
## Gênero e dominação masculina

Para o estruturalismo francês, a família é constituída por um homem, uma mulher e sua prole, e é um fenômeno universal. Segundo Lévi-Strauss (1982), essa instituição está ancorada em três grandes pilares: a divisão sexual das tarefas sociais, a proibição do incesto e as regras de exogamia (o indivíduo precisa se casar com pessoas de fora de sua família para constituir relações de trocas com outros grupos).

Françoise Héritier, discípula de Lévi-Strauss, considera que o gênero é uma espécie de "corda" que amarra os três pilares da organização da família e do parentesco. Para Héritier (1996), as categorias de gênero, as representações da pessoa sexuada, as repartições de tarefas, tais como as conhecemos nas sociedades ocidentais, não são fenômenos com valor universal gerados por uma natureza biológica comum, e sim construções culturais. Ou seja, é como se toda a humanidade tivesse um mesmo alfabeto simbólico, ligado à existência de natureza biológica comum, porém é como se cada sociedade criasse suas próprias palavras e elaborasse frases culturais particulares.

Em vez de falar em gênero, Héritier (1996) prefere a expressão *valência diferencial dos sexos*, que significa "expressão de uma vontade de controle da reprodução por parte daqueles que não dispõem desse poder particular". O ponto central de sua argumentação é que o mundo social é pensado pelas oposições binárias, de tal forma que a diferença sexual é investida de uma valoração diferencial por causa das associações de opostos que são relacionadas ao masculino e ao feminino, tais como alto/baixo, racional/emocional, atividade/passividade. Nas palavras da autora (Héritier, 1996, p. 222):

> *O que é então valorizado pelo homem, do lado do homem, é sem dúvida ele poder fazer correr seu sangue, arriscar sua vida, tomar a dos outros por decisão do seu livre-arbítrio; a mulher vê correr o seu sangue para fora do corpo (menstrua) e dá a vida (e morre por vezes ao fazê-lo) sem necessariamente o querer e o poder impedir. Está talvez nesta diferença a competência fundamental de todo o trabalho simbólico inserido nas origens sobre a relação dos sexos.*

A matéria-prima com base na qual a cultura elabora significados positivos ou negativos em relação ao masculino e ao feminino é o próprio corpo. Com base nele é que são observados todos os dados sensíveis que orientam a percepção da diferença entre homens e mulheres. Héritier, da mesma forma que Rubin, diferencia o sexo/biológico do gênero/cultural. No entanto, ao contrário de Rubin, que vê perspectivas de mudança na luta do movimento feminista, Héritier entende a dominação masculina como um componente estrutural da sociedade, o qual resulta da valência diferencial dos sexos.

Outro autor que concorda com a tese de que a dominação masculina é um componente estrutural da sociedade é Pierre Bourdieu. Para Bourdieu (1999), tanto o homem quanto a mulher são produtos da dominação masculina à medida que ela cria expectativas sociais, às quais ambos estão sujeitos. Isso quer dizer que os homens também estão subjugados a uma série de expectativas de gênero, tais como o uso da força, o papel de provedores do lar, a imposição de atividade e constante disposição sexual, a recriminação de qualquer demonstração de emoção ou afetividade.

Grande parte dos homens está muito longe de corresponder a essas expectativas e sofre com a necessidade de fazê-lo. Essas imposições sociais são muito fortes porque são incorporadas pelos sujeitos por meio da socialização e passam a ser vistas como naturais. Pelo fato de homens e mulheres se socializarem e serem socializados pelos mesmos princípios, não há como considerar uns mais vítimas do que outros.

As perspectivas de Héritier e Bourdieu sobre a dominação masculina são extremamente importantes para os estudos sobre gênero porque promovem a abertura do campo para uma nova seara de pesquisa: a abordagem das masculinidades. Esses autores são os principais críticos das teorias feministas, principalmente no que diz respeito ao que chamam de *autocentramento da produção feminista*. Essa perspectiva, que também foi defendida por Scott, questiona a eterna posição de vítimas que as mulheres ocupam em grande parte das teorias feministas.

Além disso, Bourdieu (1999) argumenta que a dominação masculina é uma forma de dominação eminentemente simbólica. Como tal, ela só pode ser exercida com a colaboração dos dominados. Nesse sentido, é preciso indicar o papel das próprias mulheres no reconhecimento dessa dominação masculina como legítima, à medida que elas também reproduzem as mesmas normas que as oprimem na socialização de seus filhos, tanto homens quanto mulheres. Um bom exemplo disso é a dupla moral sexual que perpassa, ainda hoje, grande parte da sociedade brasileira: para o homem, valoriza-se e espera-se que tenha o maior número possível de relações sexuais com diferentes parceiras; para a mulher, esse tipo de prática é altamente recriminado. Tanto a regra da virgindade e da fidelidade conjugal para a mulher quanto o incentivo das relações sexuais para os homens são padrões morais compartilhados por homens e mulheres. Não é apenas o homem que vai recriminar uma mulher que tem múltiplos parceiros, mas também as próprias mulheres. Da mesma forma, elas também valorizam a virilidade e a capacidade de conquista dos homens.

Considerando-se ainda o papel fundamental das mulheres como mães na socialização das crianças, pode-se dizer que elas atuam na reprodução dessa dupla moral sexual em relação aos seus filhos e filhas. Nesse sentido, a dominação masculina se perpetua na nossa sociedade porque tem as próprias mulheres como aliadas.

## (3.4)
## Gênero no plural

Novas discussões sobre o conceito de gênero vêm sendo elaboradas pelas teorias construtivistas, a partir dos anos 1990, por meio de estudos que enfocam homossexualidade e transexualidade. Essa discussão tem como foco central a desnaturalização da oposição masculino/feminino que permeia os estudos de gênero realizados até então. Em grande medida, as ideias apresentadas até aqui consideram que, apesar da variabilidade que é associada ao gênero, essa noção permanece fixa à ideia de uma natureza biológica, que é essencialmente binária.

Diante disso, muitas autoras feministas propuseram uma série de revisões na forma de definir gênero, principalmente na contribuição vinda de outros campos de estudo sobre raça e etnia, sexualidade e diferenças culturais. Nesse sentido, começou-se a problematizar a unicidade do sujeito mulher, tomado como referente para a teoria feminista. Começaram a proliferar, na discussão acadêmica, questões sobre a qual feminino e a qual masculino as teorias se referiam. Até mesmo as demandas por igualdade, que até então eram uma constante, começaram a ser questionadas, já que se proliferavam as distinções de classe, raça/cor, orientação sexual e expressão de gênero entre as mulheres. Isso porque muitas assimetrias de poder e de gênero permeavam as relações das mulheres negras com as ativistas brancas dentro do movimento social. Da mesma maneira, percebeu-se que as reivindicações de feminilidade das mulheres lésbicas eram completamente distintas das heterossexuais.

É do contexto dos estudos sobre parentesco e da crítica feminista à ciência que as antropólogas feministas tiram boas lições para repensar o gênero. Uma referência importante é a crítica elaborada por David Schneider (1992), na década de 1980, aos estudos antropológicos de parentesco. Esses estudos estariam baseados em três axiomas fundamentais: 1) que o parentesco é uma esfera separada, isolada das outras esferas sociais (política, economia e religião); 2) que existe uma relação necessária entre parentesco, reprodução e relações sexuais e que isso implicaria uma concepção exclusivamente genealógica do parentesco; 3) que tais estudos abstraíram laços sociais, como o afeto entre mãe e filho, de relações exclusivamente biológicas.

Schneider (1992) defende a desconstrução desses axiomas porque eles estariam baseados em traços culturais específicos da sociedade ocidental. Os antropólogos teriam usado esses elementos, como se eles fossem inerentes à natureza humana e não simplesmente variações culturais. Os axiomas eram utilizados como instrumentos analíticos para entender as outras sociedades porque eram considerados universalmente válidos. Nesse sentido, apesar de a maioria dos estudos fazer distinção entre parentesco biológico e social, apenas poucos conseguiriam ver que o parentesco biológico é ele mesmo uma construção cultural.

O mesmo acontece com o sexo. A ideia de um sexo dividido em dois, masculino e feminino, é uma característica da nossa sociedade ocidental moderna, a qual não pode ser generalizada para outras culturas nem mesmo tomada como modelo para padronizar os diferentes grupos que compõem as nossas sociedades complexas.

Uma das autoras que procura desconstruir a oposição entre feminino e masculino, bem como a oposição entre natureza e cultura, é Marilyn Strathern (1992a). Ela propõe uma definição de gênero como operador privilegiado de diferenças sociais da nossa sociedade ocidental moderna, que adquire legitimidade social por imputar à natureza uma essência diferencial, não levando em conta que a própria noção de natureza é construída culturalmente.

( . )
## Ponto final

Com base no exposto, pudemos evidenciar como, ao longo dos últimos 60 anos, as ciências sociais empenharam-se em contrapor-se à lógica biologizante do senso comum, que tende a explicar por meio da "diferença de natureza" as relações entre homens e mulheres. Exploramos as primeiras explicações evolucionistas que acreditavam que a reversão das desigualdades só seria possível pela revolução na esfera econômica. Apresentamos as investigações que privilegiaram as outras funções sociais atribuídas aos homens e às mulheres, as quais propunham uma modificação nos papéis sociais desempenhados por cada sexo. Essas ferramentas foram construídas, em grande medida, a partir do diálogo com os movimentos sociais, em especial com o então movimento de mulheres, e serviram também para inspirar bandeiras de luta social. Entre outras coisas, as teóricas sugeriam a modificação das formas de socialização das crianças, a busca, por parte das mulheres, em ocupar os espaços públicos, bem como em levar os homens a desempenharem conjuntamente os papéis da esfera doméstica.

Com o passar dos anos, e com a sofisticação teórica propiciada pelo uso do conceito de gênero como ferramenta de análise, os cientistas sociais e também a militância feminista abandonaram a ênfase nas funções e papéis sociais e passaram a compreender a dinâmica das relações sociais por meio da noção de estrutura social, na qual tanto homens como mulheres se encontram implicados. Muitos pesquisadores passaram a desconfiar que não apenas as mulheres, mas também os homens estão sujeitos às normas sociais e que a masculinidade é tão produzida quanto a feminilidade.

Por fim, o momento presente da teoria sociológica das relações entre homens e mulheres pode ser representado pela indicação de que as identidades de gênero não são fixas nem isoladas de outros marcadores sociais como classe, raça/etnia e sexualidade.

Quem pretende pesquisar as relações de gênero nos tempos atuais precisa considerar a multiplicidade das formas de feminilidade e masculinidade, as quais podem, inclusive, apresentarem-se de maneira totalmente descolada das características biológicas.

## Indicação cultural

TRANSAMÉRICA. Direção: Duncan Tuker. Produção: Belladonna Productions. EUA: Focus Filmes, 2005. 103 min.

O filme ilustra as descontinuidades entre sexo e gênero discutidas ao longo deste capítulo ao contar a história de um transexual masculino que deseja mudar de sexo, o qual, às vésperas da cirurgia de troca de sexo (redesignação genital), descobre que tem um filho biológico. Procurando resgatar essa relação com o filho, o personagem nos mostra que existem diferentes maneiras de ser mulher e de ser homem, a despeito de nossa constituição biológica.

# Atividades

1. Quais são as principais diferenças entre o conceito de gênero e as primeiras teorias sobre os papéis sexuais?
2. Caracterize a crítica elaborada pelos teóricos da dominação masculina sobre a leitura feminista do gênero.
3. É possível pensar o próprio sexo como uma construção social?

( 4 )

Feminismo e ciência

*Débora Allebrandt é mestre em Antropologia Social pelo Programa de Pós-Graduação em Antropologia Social da Universidade Federal do Rio Grande do Sul (UFRGS) e pesquisadora associada ao Núcleo de Antropologia e Cidadania dessa mesma instituição. Desenvolveu pesquisas sobre paternidade e DNA e novas tecnologias reprodutivas (NTR). Atualmente, desenvolve um projeto comparativo entre filhos adotivos e filhos provindos de doação de gametas nas NTR, para a compreensão dos significados dos discursos científicos e da biologização do parentesco.*

*Débora Allebrandt*

O objetivo deste capítulo é tratar a relação, nem sempre clara, entre o movimento feminista e a ciência, bem como explorar alguns dos caminhos percorridos pelos estudos feministas. Abordaremos, num primeiro momento, o contexto histórico do surgimento do feminismo para, em seguida, localizar a consolidação do ativismo e dos estudos feministas. Analisaremos a importância da ciência e a relação estabelecida entre feminismo e ciência. Com base na contextualização do avanço tecnológico relacionado à reprodução, finalizaremos nossas reflexões com uma análise das novas tecnologias reprodutivas (NTR) como mais um desafio desse campo de estudo.

## (4.1)
## Feminismo com base no ponto de vista histórico

Podemos afirmar que o feminismo surgiu no fim do século XVIII, com as revoluções democráticas. Curiosamente, o ponto de partida desse movimento foi a contestação da exclusão das mulheres na proclamação dos direitos universais na Revolução Francesa, em 1789. Assim, pode-se dizer que o feminismo emergiu como centro de uma contundente crítica às origens da democracia, ao mesmo tempo em que se aliou ao ideal democrático e liberal na busca de direitos políticos e civis.

No século XIX, centrado na demanda de direitos e seguindo uma agenda de reivindicações, o feminismo colocou o direito ao voto e ao trabalho como prioridades. Segundo Rosely G. Costa (2004), a luta pela igualdade empreendida no princípio do feminismo dizia respeito principalmente à igualdade de posição social em meio a classes abastadas.

No século XX, Simone de Beauvoir, já citada anteriormente, contestou, em *O segundo sexo*, sua obra mais importante e que marcou época, o determinismo biológico e a função da maternidade. Nesse livro, de acordo com Lucila Scavone (2004), a filósofa apropria-se da ideia hegeliana de que "ser" é "tornar-se" e é justamente essa apropriação que se transforma num lema do feminismo: "não se nasce mulher, torna-se". Assim, Beauvoir provocou uma importante passagem no feminismo por meio das reflexões que fez: de um movimento de reivindicação da igualdade para um movimento de politização de questões privadas e valorização da "mulher-sujeito".

Com a proliferação dessas ideias e a consolidação de direitos há muito reivindicados, bem como com o contexto de grande questionamento no mundo, a década de 1960 se tornou profícua para a abertura do campo de investigação científica. Trata-se não só de um momento de questionamento, mas também de consolidação do movimento feminista.

(4.2)
## Estudos feministas: entre o fazer ciência e o questioná-la

Para Scavone (2004), os estudos feministas se consolidaram com o ativismo, no fim da década de 1960. Muito interligados, estudos e ativismo estavam centrados nos significados da maternidade, numa melhor compreensão das relações conjugais e no combate à violência contra a mulher.

Partindo do questionamento de perspectivas hegemônicas que associavam o papel da mulher às suas características biológicas, superar as dicotomias foi o principal desafio dos estudos feministas. Um exemplo bastante simplificado dessa complexa teia de relações é que, ao mesmo tempo em que se reconheceu a diferença entre homens e mulheres, arguiu-se que esses devem ter direitos e papéis iguais na sociedade. No entanto, cabe somente às mulheres o papel de gerar um filho. Logo, homens e mulheres são diferentes. Assim, caímos em uma armadilha que nos levou de volta à primeira dicotomia: homens *versus* mulheres. Para fugir dessas dicotomias, é importante considerar as relações de gênero como relações entre duas posições, levando em consideração que entre elas estão em jogo também as relações históricas, culturais e de poder.

Em meio a esses campos de poder, os estudos feministas, de acordo com a socióloga Martha Célia Ramírez-Gálvez (2003), deparam-se com os avanços tecnológicos ligados à reprodução, que se tornam um importante foco de atenção e análise.

A razão desse enfoque é atribuída a uma importante ruptura: o antes indissociável duo sexo/reprodução pode ser quebrado. As tecnologias contraceptivas (principalmente a popularização do contraceptivo oral – pílula) possibilitaram, ao mesmo tempo, a prática sexual desvinculada da reprodução. E mais recentemente, com as tecnologias conceptivas (inseminação artificial e as chamadas *novas tecnologias reprodutivas*), desvinculou-se a reprodução do intercurso sexual. Nesse sentido, o campo da reprodução tem sido ressignificado por via da tecnologia e, desse modo, também o podem ser as relações de gênero.

É importante frisar que essas tecnologias passaram a ser consagradas como objeto de estudo com base na orientação feminista. Segundo a antropóloga americana Charis Thompson (2001), o modo como as feministas abordaram essas inovações tecnológicas, e especialmente as novas tecnologias reprodutivas, pode ser dividido em duas fases.

Na primeira fase, a ciência era vista como um inimigo numa política de resistência frente à naturalização da maternidade como um desejo feminino universal. Já na segunda, ocorreu uma política mais nuançada, que, apesar de manter uma atitude crítica, reconhece o bem potencial que tais procedimentos podem acarretar. Trata-se da tentativa de questionar a produção de um parentesco natural (leia-se biogenético) e, ao mesmo tempo, incorporar à análise o respeito pelas escolhas diferentes das mulheres.

Podemos resumir que a antropologia, particularmente, recebeu as contribuições e influências feministas para a problematização das novas tecnologias reprodutivas com base em duas abordagens.

A primeira é a abordagem estadunidense – Laura Nader (1996), Thompson (2001) e Sheila Jasanoff (2005) –, que tem como característica uma militância mais ativa, com maior ênfase na agência dos atores e atenção à economia política do contexto.

A segunda é a britânica – Marilyn Strathern (1992a, 1995b) e Monica Konrad (2005) –, que tem ênfase no aspecto simbólico da experiência. Assim, o feminismo parte de questionamentos sobre gênero, reconsiderando noções sobre o mundo natural, para alcançar a constituição da própria ciência e sua relação com as novas tecnologias reprodutivas.

# (4.3)
# Um novo paradoxo para os feminismos: novas tecnologias reprodutivas

Família e reprodução são noções que protagonizaram inúmeros embates e questionamentos na vida em sociedade. Elas já foram sinônimo da preservação da espécie, depois passaram a ter importância por carregar um nome ou uma tradição. Constituíram-se como sinônimo de honra e prestígio. Hoje, a reprodução parece tomar um novo rumo. Vivemos cercados por tecnologias contraceptivas e programas de controle de natalidade. Foram desenvolvidas e utilizadas técnicas de esterilização em larga escala. Enquanto alguns países multam casais que tenham mais de um filho, outros bonificam o terceiro.

Para Marlene Tamanini (2003), em meio a esse contexto tão múltiplo, a reprodução assistida (RA) transforma a infertilidade, pelo menos discursivamente, em uma realidade ultrapassada. Desenvolvida desde os anos 1960, concomitantemente com técnicas que visavam evitar gestações indesejadas com o contraceptivo hormonal, a RA instaurou-se por meio de procedimentos muito simples, embasados em "cronometrar" as relações sexuais para aumentar a precisão e as chances de obter-se uma gestação.

O procedimento que se desenvolveu em seguida foi a inseminação artificial, chamada hoje *inseminação intrauterina*, considerada pelos profissionais como bastante simples, pois consiste em injetar o sêmen por meio de um cateter na vagina da mulher.

Do ponto de vista social, segundo Marilena V. Corrêa (2001) e Lucila Scavone (1998), entre outros, a principal transformação ocorrida foi a dissociação do duo sexo/reprodução. Essa técnica foi ultrapassada quando, com o desenvolvimento dos meios de cultura de gametas e embriões associado ao desenvolvimento de hormônios sintéticos para a estimulação ovariana, foi possível retirar os folículos ovarianos e realizar a fecundação fora do corpo da mulher, técnica chamada de fertilização *in vitro* (FIV).

Da passagem de dentro do corpo para fora dele, decorrem inúmeras implicações que ultrapassam o avanço técnico e científico que proporcionam e, portanto, receberão atenção dos estudos feministas. Para a socióloga Ramírez-Gálvez (2003), essa passagem rompe o contínuo que ligava a procriação à gestação, abrindo precedente para procedimentos complementares, como a gestação de substituição. Do ponto de vista técnico, é a passagem da fecundação para fora do corpo que possibilita o desenvolvimento de técnicas que visam "tratar" a infertilidade por uma intervenção mais precisa, como a Injeção Intracitoplasmática de Espermatozoide (ICSI). Do ponto de vista social, as consequências dessa transformação ainda carecem de reflexão.

Segundo Tamanini (2004, p. 90), é preciso frisar que a história da infertilidade vem acompanhada por um forte estigma, que recai com maior força sobre a mulher. Esta foi historicamente responsável pela geração e pelo cuidado de filhos e, por conseguinte, da família, e as práticas médicas de RA acabam por acentuar ainda mais as concepções culturais que afirmam que o homem é sempre fértil, enquanto a mulher precisa da "ajuda tecnológica". Contudo, longe de ser uma simples história de desenvolvimento tecnológico, para Emily Martin (2006), esse campo tem sido saturado, desde o início, de valores sobre natureza, gênero e progresso.

Para a antropóloga britânica Strathern (1995a, p. 347), com a explicitação dos fatos naturais, empreendida, nesse caso, pela emergência das novas tecnologias reprodutivas, as relações de parentesco podem adquirir uma nova configuração – separando-se da célula conjugal como uma instituição – e configurando a identidade pessoal pela substância genética, mais do que pelas relações de parentesco:

> Um [novo] campo de relações de parentesco estaria parcialmente substituindo a família enquanto arena na qual as pessoas trabalham as implicações das novas práticas

*procriativas. Ao mesmo tempo, as bases genéticas da identidade estariam parcialmente substituindo as evidências tradicionalmente fornecidas pelo parentesco. A tecnologia ajudou a transformar ambos.*

Assim, os estudos das novas tecnologias reprodutivas estão ligados a um novo ângulo de percepção da realidade da família, do parentesco e das relações de gênero. Merece destaque a relação que se estabelece entre consumo e maternidade na busca por um filho. Em meio a clínicas privadas, dispendiosos tratamentos e promessas de solução da infertilidade, ocorre uma seleção de pessoas aptas ou não a terem filhos.

De modo diferente à lógica do consumo, a qual vem hierarquizando aqueles que podem pagar pelo tratamento e aqueles que não podem fazê-lo, o desejo de descendência parece ser uma tendência hegemônica. A antropóloga estadunidense Janelle Taylor (1998) aponta que a disseminação das novas tecnologias alcança seu nível máximo quando não é mais possível optar por não fazer uso delas. Daí, segundo Stolcke (1998), surge a pergunta: as "escolhas reprodutivas", bandeira da propagação das novas tecnologias reprodutivas, estão se transformando numa necessidade ou obrigação?

Essas e outras questões fazem parte dos debates e desafios encontrados no campo dos estudos feministas. Iremos agora dar enfoque ao modo como esse campo de discussões tem sido desenhado no Brasil.

## (4.4)
## O estudo das novas tecnologias reprodutivas no Brasil

Os estudos realizados no contexto brasileiro merecem destaque não apenas por retratarem o campo no qual os estudos feministas se inserem, mas também pela originalidade das abordagens que propõem. A socióloga Corrêa, a partir do campo da saúde e em forte diálogo com as teorias feministas, desenvolveu um dos trabalhos que abriu as portas da RA. Corrêa (2000; 2001) argumenta fortemente a respeito dos limites da intervenção tecnocientífica, sempre alertando para os riscos de tais práticas, principalmente para o corpo da mulher. Em um de seus trabalhos, ela foca a prática de doação de óvulos. Nele, a autora discute o papel do "novo" nas novas tecnologias reprodutivas que são difundidas há mais de 20 anos. Seu argumento é o de que, no caso da doação de óvulos, o primeiro registro de sucesso é datado de 1983.

Contudo, a estudiosa alerta para a "quase inexistência" de uma prática de registro, o que faz com que tanto a circulação de material reprodutivo humano quanto o congelamento de embriões e a medicina genética sejam campos nos quais persiste a falta de informação e esclarecimentos quanto à sua eficácia, riscos e custos. É importante destacar que essa autora faz uma crítica à categoria infertilidade. Para ela, sem desejo de um filho não se pode falar em infertilidade.

Já a antropóloga Naara L. de Albuquerque Luna (2004, p. 94) chama a atenção para a emergência do que denomina *fertilidade prescritiva*, pois as novas tecnologias reprodutivas estão criando uma aura de infalibilidade da ciência, com base na ideia de que "não tem filhos quem não quer". Dito de outro modo, ao mesmo tempo em que a fertilidade passa a ser prescrita a todos por meio das narrativas da ciência, as quais parecem ter encontrado a solução para os problemas reprodutivos, a infertilidade atingirá somente aqueles que desejam ter filhos.

Também ligada a uma análise feminista, a socióloga Scavone (2004, p. 85) propõe o conceito de "ciclo das tecnologias reprodutivas". Esse conceito, no diálogo com as novas tecnologias reprodutivas em sua análise do contexto brasileiro, explica que a medicina teve uma importante entrada na vida social por meio da disseminação dos direitos das mulheres. Paradoxalmente, proliferaram práticas questionáveis, tais como a medicalização da contracepção, a esterilização, o parto cirúrgico e a RA. Ela chama a atenção para o fato de que esse ciclo de incorporação de técnicas "pode gerar a necessidade do uso de outra [tecnologia]". Essa observação é compatível com o trabalho de Luna, a qual aponta que mais de 50% das mulheres que buscam os serviços públicos de RA estudados por ela precisam desses tratamentos, pois a reversão de técnicas de esterilização, quando possível, não foi eficaz.

Nesse sentido, o trabalho da socióloga Rosana Barbosa comparando os resultados de um serviço público e de uma clínica privada, durante uma pesquisa de dois anos, é revelador, por mostrar que a variação da taxa de sucesso – obtenção de gravidez clínica – vai de 5,8 a 18%[a]. Barbosa (2000, p. 227) destaca que "a intervenção médica

---

a. Clínicas de reprodução assistida costumam divulgar em seus *sites* resultados de 60% a 80%. As mais realistas falam em 30% de sucesso (Barbosa, 2000).

na concepção criou a ideia de que as técnicas viabilizam um acesso relativamente fácil ao embrião que, no entanto, é ilusório".

Especialmente, no que diz respeito ao serviço público, destacamos a etnografia do antropólogo Pedro Nascimento. Nela o autor elenca distintas fases, nas quais obstáculos são superados para obter acesso aos serviços de RA, que não implicam necessariamente em "ter" um filho. A partir da narrativa de seus entrevistados, Nascimento (2007) mostra que existem importantes passos a serem dados antes do tratamento. São eles: o casamento e a identificação de alguma "dificuldade" de ter um filho; a indicação de um "problema" e a "descoberta" do serviço público. No terceiro momento, também existem fases: a primeira é a investigação das causas, a segunda está relacionada ao preço dos medicamentos – pois, no serviço estudado, somente os procedimentos são gratuitos – e, finalmente, na terceira fase, a consulta com a enfermeira é apontada pelos usuários do serviço como o momento mais esclarecedor e importante, pois finalmente conseguem as informações que perseguiam. Assim, toda uma travessia é elaborada apenas para alcançar a informação. O contínuo desse caminho não será mais tranquilo e, mais uma vez, aponta que "facilidade" não é um vocábulo que pode ser encontrado em meio à RA.

Barbosa (2003), Luna (2004) e Nascimento (2007) acrescentam uma perspectiva de classe aos estudos da RA no Brasil por enfatizarem os modos de acesso. Suas pesquisas, centradas em diferentes serviços públicos, revelam importantes diferenças no modo de atendimento e acesso aos direitos reprodutivos em face do poder aquisitivo dos usuários.

Vai ao encontro dessas preocupações o estudo feito pela socióloga Ramírez-Gálvez (2003) sobre a organização e a influência política da indústria farmacêutica em diálogo com as práticas de RA. A autora desenvolve sua reflexão a partir da etnografia de congressos e análise de material publicitário de medicamentos usados na aplicação de novas tecnologias reprodutivas, a fim de melhor entender os jogos de poder que estão implicados na "fabricação da vida".

Do ponto de vista das preocupações bioéticas e dos usos das novas tecnologias reprodutivas, destacamos os trabalhos da antropóloga Débora Diniz, nos quais ela operacionaliza a problematização de questões relativas ao destino de embriões, bem como os limites éticos para os usos e a intervenção da ciência. Tais debates são conduzidos em sua análise pela interface com os processos legislativos. Diniz (2000; 2002) se posiciona como favorável a uma regulamentação do exercício das práticas de RA no Brasil e à análise dos projetos de lei, apontando que deverão ser incorporados a eles dois aspectos: a disponibilização da medicina procriativa nos serviços públicos de saúde e a pesquisa científica com embriões.

Quanto aos usos e às questões relativas aos embriões, é imprescindível destacar o trabalho das antropólogas Tania Salem e Simone Novaes (1995). Ele retratou a disputa que teve lugar na França e ficou conhecida como o *caso da viúva de Toulouse*. Nesse caso, as autoras apontam que o deslocamento da procriação para fora do corpo provocou um novo modo de hierarquizar os envolvidos na rede reprodutiva e na tomada de decisões relativas à reprodução. Especificamente nesse caso, no qual hospital e viúva disputaram embriões, sobressaíram-se os especialistas do campo – leia-se *médicos*.

Ressaltamos ainda o importante trabalho de Salem (1995)sobre o anonimato de doadores de gametas. Para ela, o anonimato de doadores introduz um paradoxo no uso de novas tecnologias reprodutivas, pois essas técnicas se tornaram conhecidas justamente pela "transparência" de seus procedimentos. Com elas, é possível ver além do óvulo, acompanhando os processos da transformação da vida desde sua forma celular, outrora remota. Além disso, Salem (1995, p. 51) destaca que existe um perigo associado à pessoa do doador, "como se sua mera manifestação ou identificação pudesse aflorar envolvimentos emocionais dramáticos e intensos entre ele e a criança".

Assim, nesse breve panorama dos estudos realizados no Brasil, é possível notar a amplitude dele e os eixos de análise, que se centram em preocupações pontuais contribuindo para a compreensão das especificidades locais. Conhecemos melhor, por meio desses trabalhos, a organização do campo médico e as influências da indústria farmacêutica, o acesso e o serviço público, os usuários dessas tecnologias e os problemas que os conduzem a buscarem filhos por meio dessas técnicas.

( . )

## Ponto final

Neste capítulo, abordamos o feminismo desde seu surgimento e suas primeiras configurações. Acompanhamos o desenvolvimento da luta por direitos e o concomitante desenvolvimento do ativismo político e elaboração teórico-científica.

Nesse ínterim, emergiram tecnologias, que, na sua intervenção na reprodução, trouxeram um novo paradigma desafiador das relações de natureza e cultura, muito questionadas pelos feminismos. Nessa nova configuração, ressaltamos a intervenção precisa da ciência nas relações sociais.

Por meio das novas tecnologias reprodutivas, abre-se outra janela nos estudos feministas que, mais uma vez, vão exercer, simultaneamente, papel teórico e vigilância atenta na proteção dos direitos das mulheres.

## Indicação cultural

KELLER, E. F. Qual foi o impacto do feminismo na ciência? *Cadernos Pagu*, Campinas, n. 27, p. 13-34, jul./dez. 2006. Disponível em: <http://www.scielo.br/pdf/cpa/n27/32137.pdf>. Acesso em: 5 set. 2008.

Para saber como o maior acesso das mulheres à ciência e o surgimento da crítica feminista a ela influenciaram em algumas mudanças no campo da biologia, acesse o *site* fornecido.

## Atividades

1. O que fomentou o surgimento do feminismo?
2. Quais os principais temas dos estudos feministas?
3. Quais as mudanças nas relações de parentesco operadas pelas novas tecnologias reprodutivas?

( 5 )

Desigualdades de
gênero no Brasil

Nádia Elisa Meinerz

As reflexões sobre as desigualdades entre homens e mulheres produzidas no campo das ciências sociais serviram como um importante instrumento de análise para diferentes temáticas de pesquisa e também de intervenção social. Ao longo deste capítulo, tentaremos mapear algumas das principais questões que impulsionaram e que continuam fomentando o debate acadêmico sobre as relações de gênero no Brasil. Em cada uma dessas temáticas, não é apenas a reflexão teórica que está em jogo, mas também a atuação da sociedade civil organizada na elaboração de estratégias cotidianas, de políticas públicas e até mesmo de legislação constitucional para o enfrentamento da desigualdade de gênero.

A repercussão no campo político da discussão sobre gênero deve-se, em grande medida, não só à atuação do movimento feminista, à ampla difusão de suas teses e proposições, mas também a uma série de outros movimentos sociais que incorporam a problemática do gênero em suas agendas políticas.

No campo acadêmico, as reflexões sobre gênero perpassam e influenciam várias áreas de conhecimento além das ciências sociais, tais como a história, o direito, a psicologia, a filosofia, as artes, a literatura, a linguística, a medicina, a enfermagem e até mesmo a teologia. Entre essa diversidade de olhares e perspectivas, vamos nos concentrar nas referências sociológicas e antropológicas e nas temáticas sobre as quais essas disciplinas se debruçaram nos últimos 40 anos.

Entre as temáticas escolhidas, está a violência doméstica, que suscitou algumas das primeiras elaborações sobre gênero, a partir da teoria feminista sobre o patriarcado, e continua hoje pautando as discussões acadêmicas e as preocupações políticas relacionadas às desigualdades de gênero.

A segunda temática relaciona gênero com família e reprodução, sendo pautada principalmente por estudos que problematizam e descrevem a assimetria de gênero tanto nas concepções biológicas sobre o corpo e a reprodução quanto nas atribuições sociais relacionadas à organização das relações conjugais e familiares.

Se esses dois temas, principalmente em suas primeiras elaborações, contribuíram muito para a denúncia das condições de subordinação das mulheres em relação ao homem, o tema da sexualidade ganha importância e visibilidade, à medida que desestabiliza certos pressupostos fixos das relações de gênero. Nesse sentido, começa-se a pensar não apenas nas desigualdades entre homem e mulher, mas também as desigualdades que perpassam as diferentes formas de ser homem ou de ser mulher. Tais questionamentos em relação à pluralização das relações de gênero só são possíveis a partir de uma tomada de consciência em relação aos atravessamentos de classe social e também de raça, os quais instauram outras esferas de desigualdades. É com base neles que se desenvolveu uma série de estudos sobre diferentes masculinidades e feminilidades. Esses estudos também marcam o diálogo com outros movimentos sociais, relacionados à livre expressão e à orientação sexual.

## (5.1)
## Gênero e violência

Entre os temas que impulsionaram o debate brasileiro sobre gênero, iniciaremos com a questão da violência, em especial a violência doméstica. Esse tema é emblemático para as primeiras reflexões sobre a condição de opressão da mulher porque servia como uma espécie de comprovação, tanto da rebeldia das mulheres em relação às normas sociais que as oprimiam quanto da atuação dos homens como algozes diante das situações em que seu poder fosse questionado.

A maior parte dos escritos sobre violência de gênero aborda a questão da violência doméstica. Tais estudos foram extremamente significativos para a consolidação de um campo de estudos sobre as mulheres e as condições de opressão feminina no Brasil. Ao longo dos últimos 40 anos, essa temática foi alvo de uma série de pesquisas acadêmicas que procuraram explorar tanto as dimensões físicas quanto simbólicas de situações empíricas de violência perpetuadas contra mulheres dentro de suas casas. Essas pesquisas tinham como principal objetivo demonstrar que os fenômenos de violência não estavam relacionados apenas às características individuais dos agressores, mas refletiam uma ordem social mais ampla, que rege as relações entre homens e mulheres.

Uma das referências mais importantes para a consolidação desse campo foi a da socióloga Heleieth Saffioti e suas elaborações sobre conceito de patriarcado. Para Saffioti (2001), nossa sociedade é perpassada por uma ordem patriarcal de gênero, que pressupõe um projeto de dominação-exploração por parte dos homens sobre as mulheres.

A violência de gênero é uma prática autorizada, ou pelo menos tolerada socialmente, de punição a qualquer forma de desvio ou subversão das normas de gênero patriarcais. Ou seja, a capacidade de mando dos homens e o requisito de obediência das mulheres só funcionam à medida que são auxiliados pela violência física e simbólica. Isso porque a ideologia patriarcal não é suficiente para garantir a obediência dos dominados, sendo que o patriarca, ou alguém em seu nome, deve fazer valer a sua vontade por meio da violência.

Ainda segundo essa autora, a violência de gênero abrange como vítimas as mulheres, as crianças e os adolescentes de ambos os sexos, e é, em geral, perpetrada por agressores homens, ou mesmo por mulheres que desempenham a função patriarcal no lugar deles. Nesse sentido, quando as mulheres praticam a violência, não o fazem em seu nome, pois, como categoria social, elas estão destituídas de um projeto de dominação-exploração dos homens.

Embora Saffioti critique as abordagens puramente vitimizadoras das mulheres, referindo que as mulheres, na maioria das vezes, reagem e resistem à violência masculina, ela se contrapõe de maneira mais decisiva às leituras que apontam para certa conivência e até mesmo cumplicidade por parte das mulheres em relação à violência que lhes é perpetrada. Tais estudos procuram pensar em alternativas frente ao problema da violência doméstica, que complexifiquem a oposição vítima e algoz, para a qual a punição penal do agressor acaba sendo a única saída possível.

Um estudo exemplar em relação à relativização da imagem da mulher agredida como vítima passiva da violência e do agressor como algoz ativamente empenhado num processo de dominação e destruição da vítima é elaborado pela antropóloga Maria Filomena Gregori.

Em um texto clássico intitulado *Cenas e queixas*, Gregori sugere que as situações de violência contra a mulher são relacionais, ou seja, tanto os homens quanto as mulheres se envolvem em cenas de violência doméstica de forma igualmente inconsciente e impensada. Nas palavras da autora (Gregori, 1989, p. 166):

> *Existe alguma coisa que recorta a situação de violência contra a mulher que não está sendo considerada quando ela é lida apenas como ação criminosa e que exige punição (a leitura reafirma a dualidade agressor-vítima). As cenas em que os personagens se veem envolvidos e que culminam em agressões estão sujeitas a inúmeras motivações – disposições conflitivas de papéis cujos desempenhos esperados não são cumpridos – disposições psicológicas tais como esperar do parceiro certas condutas e inconscientemente provocá-las, jogos eróticos etc.*

Para essa autora, as cenas de violência envolvem uma atuação da mulher na produção de si como um não sujeito, submisso e objeto de agressões. Isso não significa culpar as vítimas ou então justificar as agressões, mas sim entender o contexto no qual a violência de gênero se desenrola, as razões que fazem os sujeitos perpetrarem a violência e suportarem que ela seja usual em suas vidas. Pela análise das queixas, a autora reflete sobre a produção discursiva das mulheres como vítimas, sofredoras, que nunca provocam a agressão, submissas aos maridos. As queixas criam um efeito de exterioridade – localizando a violência no outro (o marido) –, efeito que não considera que são essas mesmas mulheres que mantêm esses relacionamentos.

As ações de intervenção social diante das situações de violência também podem ser pensadas por meio dessas duas posições, havendo, por um lado, iniciativas legais de penalização das situações de violência como ação criminosa e, por outro, a criação de estratégias cotidianas de enfrentamento da violência.

O sancionamento da Lei Maria da Penha, em 2006, é um exemplo da primeira tendência. Ela possibilita que os agressores sejam presos em flagrante, tenham mandado de prisão decretado, impede a aplicação de penas alternativas, bem como aumenta o tempo máximo de detenção dos agressores. Antes disso, vale ressaltar a criação de delegacias da mulher nos municípios a partir da metade da década de 1980, especializadas na investigação das situações de violência de gênero.

Em relação ao segundo sentido, há que se destacar programas como o das "Promotoras Legais Populares", criado na cidade de Porto Alegre e realizado atualmente em diferentes estados do país. Trata-se da capacitação, pela militância feminista, de mulheres para atuarem em seus bairros de residência na transmissão de informações e apoio às situações de violência, além da difusão na comunidade de ações educativas direcionadas tanto aos homens quanto às mulheres. Outras ações criativas, tais como o "apitaço" em algumas cidades do Nordeste, buscam enfrentar as situações de violência expondo os agressores a situações públicas vexatórias.

## (5.2)
## Gênero, família e reprodução

Em antropologia, os estudos sobre gênero, desde sua origem, foram construídos num diálogo estreito com as questões de família e parentesco. Na antropologia brasileira, os acontecimentos não se passaram de maneira diferente, pois muitas das principais autoras precursoras da discussão sobre relações de gênero – como Mariza Corrêa, Cláudia L. W. Fonseca, Sueli Kofes, Guita Debert, Maria Luiza Heilborn, entre outras –, também trabalham com a temática de família e da reprodução. Nesse campo é que se conquistam mudanças teóricas expressivas em relação à passagem de uma perspectiva dos papéis sexuais, ou seja, das funções que homens e mulheres desempenham no processo reprodutivo e no contexto familiar, para uma perspectiva simbólica, que investiga as dinâmicas de produção de significados de gênero com base nas transformações nas configurações familiares e nos processos reprodutivos.

As famílias chefiadas por mulheres sempre foram percebidas pelo senso comum como famílias desestruturadas e, ao mesmo tempo, tomadas pelas feministas como exemplares da autossuficiência das mulheres e do seu poder na esfera doméstica. Contrapondo-se a esses dois argumentos, a antropóloga Fonseca (1987) mostra o quanto, na verdade, a condição de chefe de família não é algo que seja almejado nem aprovado pelas mulheres de grupos populares. Ao contrário, elas estão sempre procurando um homem que seja o provedor da família, além de, muitas vezes, declararem que o marido é o provedor da casa quando, na verdade, são elas próprias que os sustentam. Para a autora, na maior parte dos casos, as mulheres nem chegam a ser chefes de família, pois acabam oscilando entre um *status* conjugal, no qual têm sua autoridade subjugada ao marido, e o *status* consanguíneo, no qual a sua autoridade é complementar à de seu próprio pai ou irmão.

Nessa esfera, também começaram a ganhar espaço os estudos sobre masculinidade. Durante muito tempo, as pesquisadoras professavam um conceito de gênero cuja definição estava fundamentada numa premissa relacional, mas tinham grandes dificuldades em incluir os homens nas pesquisas.

Assim, cabe destacar o protagonismo da antropóloga Ondina Leal (1998, p. 376-392) em relação à operacionalização do gênero como recurso empírico, por meio da inclusão de homens numa investigação sobre saúde reprodutiva. O propósito da investigação era compreender como homens e mulheres pensam o próprio corpo e suas funções.

Também a antropóloga Ceres G. Víctora (1992, p. 15-28) – pertencente ao mesmo grupo de pesquisas sobre corpo, sexualidade e reprodução – incorpora os homens em sua análise sobre as representações de corpo e reprodução em uma vila popular em Porto Alegre. Segundo a autora, a construção da identidade feminina é sempre relacional, de forma que não existiriam papéis sexuais predefinidos. Ao mesmo tempo, ela argumenta que os papéis masculinos e femininos se configuram a partir de uma complementaridade hierárquica, na qual a vontade da mulher deve estar, em grande medida, subjugada à do homem. Essa concepção em relação ao casamento é compartilhada tanto pelos homens como pelas mulheres, sendo que o aparecimento dos filhos possibilita um certo equilíbrio a partir da aquisição do *status* de mãe por parte da mulher.

Leal (1989, p. 376-392) já havia abordado a questão da masculinidade em sua tese de doutorado sobre os gaúchos, apontando a vulnerabilidade ao suicídio dos peões de estância, principalmente por se tratar de um perfil de homem solteiro, que, a certa altura da vida, perde as capacidades físicas que o habilitam para o trabalho. O trabalho dessa autora é pioneiro e traz questionamentos muito significativos às elaborações feministas sobre gênero, à medida que descreve o ônus social que recai sobre o homem, sua espécie de fragilidade diante do envelhecimento e, ao mesmo tempo, a inexistência de um espaço social para esse tipo de manifestações em relação aos homens. De repente, Leal inverte o jogo da opressão de gênero, mostrando que os homens, que até então eram vistos como machistas e dominadores, são também vítimas das rígidas expectativas de masculinidade.

## (5.3)
## Sexualidade

Os trabalhos sobre sexualidade no Brasil, como em diferentes partes do mundo, foram impulsionados, na segunda metade da década de 1980, pela disseminação da epidemia da Aids e pela necessidade de se criar estratégias para lidar com essa doença. Antes, porém, pesquisadoras feministas, como Rose Marie Muraro (1983), já escreviam sobre a sexualidade da mulher brasileira. Essa autora defende a tese de que a sociedade reprime a sexualidade das mulheres por meio de um conjunto de ações de proibição e interdição. Ao contrário do que ocorreu com a autora, a maior parte dos estudos brasileiros sobre sexualidade partiu de uma perspectiva oposta, embasada na argumentação do filósofo francês Michel Foucault (1979), que propõe uma crítica à hipótese da repressão do sexo, mostrando que a nossa sociedade é marcada por uma vontade de saber sobre o sexo, que estimula a multiplicação dos discursos sobre o corpo e os seus prazeres.

Cada vez mais, a sociedade exige do indivíduo que ele fale sobre sua sexualidade para o psicólogo, para o médico, para o padre, diante do juiz e para um grupo crescente de especialistas no assunto, a fim de atestar a sua normalidade sexual.

Nesse sentido, os estudos brasileiros sobre sexualidade possibilitavam pouco espaço para o desenvolvimento das teorias sobre a apropriação, por parte dos homens, da sexualidade feminina, assim como pretendia sugerir Muraro (1983).

Desde logo, os estudos brasileiros assumiram que o dispositivo de sexualidade operava no controle da sexualidade feminina e infantil, porém subordinava igualmente todas as práticas sexuais que se desviassem do modelo heterossexual reprodutivo.

Com a epidemia da Aids, começaram a se desenvolver os estudos sobre diversidade sexual, especificamente sobre a homossexualidade. Entre os dados que, desde o início, chamaram a atenção em relação às especificidades da cultura sexual brasileira, para usar o termo proposto pelo antropólogo norte-americano radicado no Brasil Richard Parker (1991), destacavam-se aqueles sobre a discrepância entre o sexo biológico e a expressão de gênero de alguns homossexuais.

Com relação às diferenças culturais, os antropólogos Peter Fry e Edward MacRae chamam a atenção para algumas regularidades encontradas na comparação de homossexuais masculinos e femininos entre tribos indígenas brasileiras e norte-americanas. Segundo Fry e MacRae (1983), entre os guaiaqui paraguaios, estudados pelo antropólogo francês Pierre Clastres (1934-1977), e entre os berdaches de diferentes tribos norte-americanas, pode-se evidenciar sistemas culturais que classificam as pessoas em termos da oposição masculino e feminino, de tal forma que, mesmo no que concerne à existência de práticas sexuais entre pessoas do mesmo sexo biológico, elas são incorporadas à classificação de gênero. Em ambas as sociedades, o comportamento homossexual resulta na transformação de um dos parceiros em parte do gênero oposto. Ou seja, o diferente do ponto de vista da sexualidade é justamente aquele que deixa de viver como homem assumindo as vestimentas, os papéis e as tarefas reservados às mulheres dentro da tribo. O mesmo ocorre em relação às mulheres que passam a adotar o comportamento masculino.

Para Fry e MacRae (1983), do ponto de vista dos "papéis sexuais", todas as relações nessas sociedades são "heterossexuais". O "masculino", do ponto de vista social, tem sempre relações sociais com o "feminino", independentemente do sexo biológico[a]. Os autores ponderam que, de certa forma, esse quadro pode ser estendido para pensar numa divisão tradicional ou "popular" de papéis sexuais, na sociedade brasileira. Nesse sentido, a feminilidade é definida pelo papel "passivo" nas relações sexuais, enquanto a masculinidade seria definida pelo papel "ativo" durante a prática sexual. Assim, no que tange às práticas entre pessoa do mesmo sexo biológico, teríamos a seguinte configuração: homem × "bicha", bem como "sapatão" × mulher, constituindo invariavelmente o masculino e o feminino.

---

a. Argumentação semelhante é desenvolvida por Parker (1991).

Em outro texto clássico, Fry (1982) diferencia dois modos de lidar com a homossexualidade masculina na sociedade brasileira. Por um lado, um tipo de relação vivenciado no contexto dos grupos populares e mesmo das cidades do interior do Brasil, marcado pela hierarquia de gênero, cujo tipo emblemático é a relação entre o "bofe" (supermasculinizado) e a "bicha" (efeminado). No entanto, nos grandes centros metropolitanos, estaria se desenvolvendo a possibilidade de uma organização da vida dos sujeitos em torno da homossexualidade. Nesse sentido, o autor fala de um modo de vida *gay* que incorpora um padrão mais igualitário de relacionamentos.

Por mais críticas que essas leituras tenham sofrido, elas impulsionaram toda uma produção sobre gênero e sexualidade inspirada na ausência de uma coerência entre o sexo biológico dos indivíduos, as expressões de gênero e a orientação do desejo erótico. Essa produção contrastou as diferentes formas de os indivíduos se expressarem corporalmente e construírem identidades de gênero a partir de suas próprias referências simbólicas, em vez de aprisioná-las aos significados tradicionalmente associados ao feminino e ao masculino.

Essa crítica à heterossexualidade como norma definidora das relações de gênero possibilitou a abordagem de uma pluralidade de masculinidades, as quais não estão necessariamente encerradas nos corpos biologicamente percebidos como masculinos. Os pesquisadores já conseguem observar que é possível atualmente ser homem *gay*, heterossexual, bissexual, hermafrodita, heteroflexível, "bicha", transexual masculino e até lésbica masculinizada. Da mesma forma, a feminilidade passa a ser vista como uma produção variável e seletiva em relação aos elementos que lhe são constitutivos, podendo ou não coexistir com uma série de características masculinas, entre elas o próprio sexo biológico.

Nesse sentido, os antropólogos Hélio Silva (2007) e Marcos Benedetti (2005) mostram que os travestis são exemplares de uma produção de gênero pautada na ambiguidade. Seus altos investimentos na aquisição de formas corporais femininas, a reivindicação de modificação dos nomes próprios masculinos para nomes femininos, o compartilhamento de valores tradicionais em relação à conjugalidade, contrastam com a resistência ao enquadramento médico na categoria transexual. Como mostra a antropóloga Elizabeth Zambrano (2003), os travestis, em certa medida, produzem um gênero que se contrapõe ao dos transexuais, os quais têm aversão aos seus órgãos sexuais, assumem o discurso médico de que estão encapsulados em um corpo que difere de seu gênero e pretendem modificar anatomicamente a sua genitália. Ao contrário, os travestis querem conservar seu pênis em plena atividade, tanto em virtude de sua utilização no trabalho quanto pela sua importância como fonte de prazer físico e do desejo erótico.

Uma importante crítica ao movimento feminista que é feita a partir da interface com o tema da sexualidade é o comprometimento desse movimento social com determinados valores, pretensamente universais. A antropóloga Maria Luiza Heilborn (2004), estudando as relações de conjugalidade igualitária entre casais de *gays*, lésbicas e heterossexuais no Rio de Janeiro, argumenta que certos ideais do movimento feminista, tais como igualdade e autonomia, não são universalmente válidos, e sim parte de uma ideologia ocidental moderna pautada por convicções individualistas. Nesse sentido, a própria conjugalidade igualitária, tomada como um ideal de relacionamento para as feministas, deve ser entendida como característica de determinados estratos sociais em que a penetração da ideologia individualista ocorreu de maneira mais efetiva.

( . )
## Ponto final

Ao longo deste capítulo, vimos alguns exemplos de como as desigualdades de gênero foram estudadas pelas ciências sociais. Optamos por selecionar algumas temáticas de investigação acadêmica que propiciaram a proliferação das discussões sobre o conceito de gênero, ao longo dos últimos 40 anos.

Cada uma das temáticas apresentadas (gênero e violência; gênero, família e reprodução; sexualidade) propiciam diferentes usos e leituras desse conceito, bem como dialogam com distintas possibilidades de intervenção social. Além disso, cada uma delas abre caminho para uma série de outras temáticas e de novos desafios teóricos, que apontam inclusive para as limitações do conceito de gênero como ferramenta analítica.

É importante ressaltar que tais temáticas estão muito longe de esgotar as referências com base nas quais o conceito de gênero vem sendo pensado, tanto no Brasil quanto no exterior. Fica como sugestão, para quem se interessou pelas questões aqui apresentadas, buscar outras temáticas com as quais as desigualdades de gênero se entrecruzam, tais como saúde, classe social, raça-etnia, envelhecimento, juventude, aborto, mercado de trabalho, parentalidade, deficiências físicas e cognitivas, entre outras.

## Indicações culturais

À MARGEM do corpo. Direção: Débora Diniz. Produção: ANIS (Instituto de Bioética, Direitos Humanos e Gênero). Goiás: ANIS, 2005. 43 min.

Trata-se de um filme etnográfico brasileiro que aborda a um só tempo as diferentes temáticas que entrecruzaram a produção brasileira sobre gênero. Ele é produzido com base na descrição do ponto de vista de diferentes atores sociais sobre a dramática história de uma mulher pobre e negra, que é violentada por um homem de sua comunidade, em seu espaço de trabalho. A protagonista da história, Deuseli, é obrigada a dar à luz a criança fruto desse estupro, mesmo depois de conseguir judicialmente o direito ao aborto. Ao longo do filme, ela passa de vítima à ré pelo assassinato dessa mesma criança, o qual é descrito por alguns como uma reconstituição da cena de violência que ela mesma vivenciou. A sugestão é no sentido de propiciar aos alunos interessados pelo tema das desigualdades de gênero no Brasil uma reflexão sobre as dinâmicas de violência, reprodução, família e sexualidade que perpassam as relações entre homens e mulheres.

MACHADO, P. S. O sexo dos anjos: um olhar sobre a anatomia e a produção do sexo (como se fosse) natural. *Cadernos Pagu*, Campinas, n. 24, p. 249-281, jan./jun. 2005. Disponível em: <http://www.scielo.br/scielo.php?script=sci_arttext&pid=S0104-83332005000100012&lng=pt&nrm=iso>. Acesso em: 10 set. 2008.

Esse texto aborda a produção simultânea do sexo e do gênero por meio de um estudo etnográfico sobre as decisões médicas em face das situações de intersexualidade, as quais são caracterizadas pelo senso comum como hermafroditismo e descritas pelos médicos como genitália incompletamente formada ou distúrbios do desenvolvimento sexual. Embasada na análise das decisões tomadas pelos médicos de "fazer um menino" ou "fazer uma menina", a autora mostra como o próprio sexo não é algo totalmente determinado pela biologia. Além disso, demonstra ainda como a cirurgia e todos os procedimentos associados a ela são apenas o primeiro passo de um processo (tratamento) interminável, ao qual as crianças e jovens intersex são submetidas a fim de que o seu gênero corresponda ao sexo que lhe foi designado pela equipe médica. Esse artigo é exemplar das produções brasileiras contemporâneas sobre as desigualdades de gênero e evidencia ao mesmo tempo um questionamento do modo como nossa cultura define as possibilidades e as restrições da masculinidade e da feminilidade.

## Atividades

1. Descreva a importância dos estudos sobre violência doméstica para a constituição do campo de estudos de gênero no Brasil.
2. O que significa pensar a diversidade sexual, do ponto de vista do gênero, como essencialmente heterossexual?
3. Cite as principais críticas apresentadas às pesquisas brasileiras sobre as teorias feministas de explicação do gênero.

( 6 )

Sobre as teorias raciais

*Cristian Jobi Salaini possui graduação em Ciências Sociais (2003) e mestrado em Antropologia Social (2006) pela Universidade Federal do Rio Grande do Sul (UFRGS). Atualmente, é doutorando em Antropologia Social pela mesma universidade. Tem atuado em assessorias para o Instituto do Patrimônio Histórico e Artístico Nacional (Iphan) e para o Instituto Nacional de Colonização e Reforma Agrária (Incra). Tem experiência na área de antropologia, com ênfase em antropologia das populações afro-brasileiras, desenvolvendo pesquisas em temas como: identidade étnica, patrimônio imaterial, arte, territorialidade, identidade regional e comunidades remanescentes de quilombos.*

*Cristian Jobi Salaini*

**Seria ainda importante**, nos dias de hoje, falar em *raça*? A atualidade das discussões travadas no Brasil, no que diz respeito ao amplo tema da desigualdade social, coloca o termo *raça* como ponto de partida de infindáveis discussões acadêmicas, políticas e também de discussões que fazem parte de nosso cotidiano. A questão das cotas raciais no Brasil, por exemplo, ainda gera muita polêmica e posicionamentos que levam em conta os possíveis efeitos positivos ou negativos de sua implementação. Note-se, contudo, que a polêmica das cotas raciais encontra-se inscrita em um quadro maior de discussões sobre a desigualdade racial, que visam implementar medidas reparatórias e inclusivas a determinados setores marginalizados da sociedade brasileira.

Independentemente da posição tomada em relação a essa polêmica (ou em relação a outras que envolvam a questão racial, como a temática quilombola, por exemplo), é necessário admitir que a "raça", e por extensão a questão racial, se apresenta como elemento atual das reflexões contemporâneas, em seus mais diferentes níveis. Ela não é, porém, recente. O atual estado de discussões sobre "raça" dialoga, indubitavelmente, com um quadro de posicionamentos políticos, científicos e ideológicos do passado.

O debate caminha desde o ponto em que a "raça" é tida como justificador de diferenças sociais entre os indivíduos, até o ponto onde ela é tida como elemento positivador de demandas por espaços políticos importantes: o "ser da raça" passa a ser, nas inúmeras coletividades inscritas na sociedade brasileira, um elemento alavancador da promoção de direitos sociais frente ao Estado brasileiro.

É nesse espírito que se propõe, neste capítulo, um breve panorama das teorias que atravessaram o pensamento racial brasileiro. Não se trata da realização de um "catálogo teórico" sobre o tema. Trata-se, sobretudo, de assumir que as posições teóricas, políticas e ideológicas estiveram fortemente imbricadas na construção das noções de raça, ecoando de diferentes maneiras nos dias atuais.

# (6.1)
# Breve histórico das ideias sobre "raça"

No século XIX, a "raça" apresentava-se como objeto de estudo dos "homens de ciência". O debate racial era recheado dos paradigmas científicos existentes, fazendo com que "raça" fosse inscrita no clássico debate sobre a unidade do gênero humano. Todavia, esse debate, segundo o historiador Thomas Skidmore (1989), era perpassado pelas noções de diferenciação e hierarquização social, que encontraram solo firme ao serem ancorados pelos estados nacionais, principalmente no que diz respeito à Europa e aos Estados Unidos. Aponta-se aqui uma relação importante entre ciência e Estado, já que as escolas responsáveis pela produção das teorias raciais o fizeram com o aval das principais lideranças políticas e culturais dos Estados Unidos e da Europa.

De forma ampla, pode-se dizer que a ideia subjacente a essas escolas – as quais serão mencionadas a seguir – giram em torno de uma ideia naturalizante de "raça". Isso quer dizer que a raça, segundo esse pensamento, indica diferenças biologizantes entre os sujeitos, que acabam por gerar hierarquias sociais tidas como naturais. Os pressupostos desse aparato teórico indicam que as raças se constituem no tempo e no espaço e, portanto, podem ser apreendidas no sentido da inferior à superior. Esse princípio toma os indivíduos, ou determinada classe de indivíduos, como objetos acabados: os comportamentos e mentalidades estariam determinados pelos componentes biológicos – as interpretações das diferenças biológicas acabavam por justificar as desigualdades sociais.

Aqui está em jogo uma noção evolucionista que coloca no topo da escala, como classe modelar, como objetivo a ser atingido, o povo europeu. Esse fato justificaria a supremacia da Europa em relação aos demais povos do globo. Diferenças culturais passíveis de serem lidas por meio de diferenças expressas no corpo – como a cor de pele – eram vistas como etapas rumo ao progresso das sociedades mais adiantadas: as sociedades europeias.

Antes de abordar a forma como essas ideias reverberam no Brasil, cabe um breve apanhado das principais escolas que ampliaram essa discussão, revelando uma forte ligação entre a noção de raça e a de ciência. A "raça", ao ser revestida pela aura da ciência, ganha peso e legitimidade em outros espaços da sociedade, contribuindo para a construção de um conteúdo fortemente ideologizante.

A escola etnológica-biológica, primeira a ser fundada e de tradição norte-americana, apostava na ideia de que as "múltiplas raças" seriam resultado de mutações que acabariam por acarretar em diferenças raciais. Um dos principais expoentes dessa escola, o zoólogo Louis Agassiz (1807-1873), realizou visita ao Brasil (Bahia) em 1865 e produziu uma interpretação extremamente negativa sobre a miscigenação racial por ele verificada. Skidmore (1989, p. 47-48) cita que, para Agassiz, a existência de um tipo híbrido – o mulato – seria o resultado de um tipo de "degenerescência" que apagaria as melhores características existentes no branco, no negro e no índio, "deixando um tipo indefinido, híbrido, deficiente em energia física e mental".

O traço fundamental dessa escola é a ideia de uma superioridade da "raça branca" em relação aos índios e negros. A presença de um tipo híbrido – da "mistura" – seria um perigo para a "superioridade branca". A ideia subjacente aqui coloca a preeminência de traços físicos na interpretação moral dos indivíduos. É a natureza – expressa na origem do hábitat do sujeito – que vem a indicar o seu *ranking* na escada evolutiva[a].

Alinhada conceitualmente com essa escola, temos a escola histórica, que apresenta como um de seus principais representantes o ministro francês Arthur de Gobineau (1816-1882). Temos aqui também a ideia de um caráter negativo da miscigenação, já que esta levaria a um processo de "degeneração". O que importa ressaltar é o fato de essa escola contribuir na difusão da ideia de uma superioridade da raça ariana com relação às demais, enfatizando principalmente o papel da Inglaterra e Alemanha como "topos" dessa escala hierárquica das raças humanas. Essa ideia viria a "alimentar" fortemente as ideologias de superioridade racial da Europa e, de forma mais específica, desses dois países que, segundo esses princípios, seriam os verdadeiros responsáveis pela escrita da história das civilizações.

A escola darwinista social influenciou fortemente o debate racial. Segundo Vera Regina Rodrigues (2006, p. 40), as ideias dessa escola também ecoam fortemente nas perspectivas que colocam o "branco" no topo da escala hierárquica das raças. Porém, aqui, a matriz conceitual é retirada da obra *A origem das espécies*, de Charles Darwin. As raças humanas, segundo essa linha de pensamento, passariam por processos evolutivos similares, porém, como nos ensina a obra de Darwin, apenas os mais aptos chegariam à "reta final". Segundo Rodrigues, a questão que se

---

a. Um outro viés desse determinismo biológico se dá pelas interpretações realizadas pelo filósofo Jean-Jacques Rousseau. Ao contrário da ideia de uma poligenia ou de "múltiplas" raças, o autor defende a ideia de uma única humanidade, da monogenia.

coloca é a transposição mecânica de um modelo utilizado nas ciências naturais para o entendimento de fenômenos humanos. O resultado disso é a relação direta entre "mais aptos" com a "raça branca". É nessa esteira que se abre o caminho para os estudos que procuram entender os comportamentos dos indivíduos por meio de suas características fenotípicas e de suas características físicas. De acordo com Daysy Macedo de Barcellos (1996, p. 9-10):

> *Essa será uma tarefa desempenhada pela antropologia criminal, a qual terá no seu expoente máximo, Césare Lombroso (1835-1909), o argumento de que um fenômeno social, como a criminalidade, trata-se na verdade de um fenômeno físico e hereditário. Nesse ínterim, o Darwinismo Social fundado nas ciências naturais, abrirá caminho para que a problemática da mestiçagem racial, a ideia de degeneração social e oposição entre civilização e progresso estejam na ordem do dia da antropologia cultural ou etnologia social.*

Como pudemos notar no que acima foi tratado, a ciência serviu como base legitimadora de noções e ideias sobre a "raça". Logo, a ciência, longe de ocupar um papel de neutralidade nesse processo, serviu como matriz conceitual no que diz respeito a interpretações que levavam à crer na "superioridade branca" e, em consequência, na desqualificação dos "não brancos".

## (6.2)
## Debate sobre "raça" no Brasil

As ideias sobre "raça" advindas das ciências biológicas influenciaram de forma decisiva os "teóricos da raça" no Brasil, como Silvio Romero (1851-1914) e Raimundo Nina Rodrigues (1862-1906). Isso ocorreu com bastante intensidade durante o século XIX, e esses autores estavam inseridos no pensamento antropológico que caracterizava o período: o evolucionismo. Com base na perspectiva desses autores, temos na "raça" o elemento explicativo para o "atraso" brasileiro em relação ao europeu. Encontramos aqui uma releitura de elementos das escolas mencionadas anteriormente. O mestiço é interpretado, segundo esses autores, como um tipo "indesejado", já que o cruzamento de "raças" distintas transmitiria tipos de "defeitos" pela herança biológica.

Segundo Skidmore (1989), na obra *Os africanos no Brasil* (1890), Nina Rodrigues procura entender de que forma os africanos são incorporados ao país e como isso se dá no campo cultural. Segundo o autor, a presença negra seria um fator explicativo para a "inferioridade" do povo brasileiro.

Vale ressaltar que Nina Rodrigues – que foi professor de Medicina da Universidade da Bahia – realizou, em sua análise, um cruzamento de perspectivas que levou em conta elementos da cultura afro-brasileira e elementos de natureza médico-biológica. Isso desembocou em análises negativas do caráter racial brasileiro, que efetuavam relações da raça com "potenciais criminosos": traços da aparência de um sujeito poderiam revelar uma natureza criminosa.

Silvio Romero, segundo Skidmore (1989), em sentido semelhante, apresentou negros e índios como "derrotados" e "decaídos", respectivamente. Romero via o Brasil como portador da mestiçagem, porém acreditava no potencial renovador que poderia advir pelo papel do "homem branco" na constituição do país. Associa-se a isso a ideia de que a imigração de europeus ao Brasil promoveria, ao longo das gerações, um processo de branqueamento e, portanto, civilizador.

Outros autores, dentro e fora do Brasil, lidaram com concepções semelhantes de raça. Porém, o que nos interessa no momento é entender como a raça passa a atuar como uma fonte explicativa de ideias sobre "atraso brasileiro", em que concepções sobre características impressas no corpo dos sujeitos passam a servir como justificativa classificatória e hierarquizante entre os povos. A questão que se coloca nesse período – nas versões explicativas dos autores – é justificar a supremacia europeia em relação aos "não civilizados". Postura teórico-ideológica que começa a ser "desmontada" em momentos seguintes, como veremos adiante.

Mas é com Gilberto Freyre (1900-1987) que a ideia de miscigenação racial, como portadora da negatividade do povo brasileiro, começa a ser desconstruída. Em suas duas conhecidas obras, *Casa-grande e senzala* e *Sobrados e mocambos*, Freyre (1992; 1996) lida com a concepção de que foi exatamente a miscigenação que promoveu um tipo de "democratização social" no Brasil.

A mistura racial promoveria o clima fértil para a construção de uma harmonia das raças. Essa harmonia, contudo, contribuiria para a diluição de outras fronteiras, como a existente entre ricos e pobres, homens e mulheres e assim por diante. A mistura realizada entre brancos, negros e índios seria um elemento de promoção de harmonia social e não de "degenerescências" ou "atrasos", como nos demonstraram outras correntes e autores. A prova cabal disso seria a figura do mestiço, "obra máxima" e resultado final dessa democratização do povo brasileiro. Essa noção atua fortemente na construção de um "caráter brasileiro" que apresentaria, como característica proeminente, a ausência de preconceito racial no Brasil. Porém, conforme vem nos demonstrando uma série de estudos sobre raça no Brasil, esse "mito da democracia racial" encobriria relações objetivas de exclusão entre os sujeitos; exclusão esta que teria, como princípio, o critério de raça. Segundo Daisy Barcellos (1996, p. 9-10):

*O fato de a sociedade brasileira possuir a democracia racial como ideal afirmado e desejado, conduziu encobrimento da realidade das relações entre brancos e negros. O sentido discriminador e indiretamente segregador que essas relações apresentam tendeu a ficar encoberto pelo discurso da ideologia dominante, dada a dualidade do padrão que ordena os contatos inter-raciais. Este discurso, de um lado, afirma a igualdade e investe na negação do racismo (muito embora existam leis para a proteção dos discriminados); de outro mantém a profundidade das desigualdades sociais e econômicas só explicáveis através da discriminação e do preconceito, cuja consequência mais imediata é a segregação social.*

Em Gilberto Freyre, temos a possibilidade de releitura de aspectos tidos como negativos por outros autores no que concerne à raça, mas também temos inúmeras leituras a respeito desse autor que nos trazem à tona um tipo de "encobertamento" das relações de natureza hierárquica existentes entre os sujeitos.

## (6.3)
## O sentido do debate racial

Retomemos a pergunta que iniciou este capítulo: Seria ainda importante, nos dias de hoje, falar em "raça"? Tendo em mente o breve apanhado realizado, poderíamos esboçar algumas pistas para a reflexão proposta. Como vimos, *raça* é um termo que mudou de sentido ao longo da história. Se ela é, num primeiro momento, a chave explicativa de um suposto atraso brasileiro, em outro momento, ela acaba sendo o próprio motivo de uma "democracia racial" brasileira. No primeiro caso, é uma natureza biológica que está em jogo. No segundo, são as características positivas do povo brasileiro adquiridas pela mistura – sua cultura – que ganham papel de destaque.

Como nos aponta uma infinidade de estudos contemporâneos – e a própria realidade social de forma muito evidente –, a "raça" é tomada hoje como um dos elementos acionados como via de acesso às políticas públicas no Brasil. Basta lançar o olhar à temática quilombola, das cotas raciais, da questão indígena, entre outras.

Os movimentos sociais negros, por exemplo, sempre dialogaram com a noção de raça, mesmo que de formas distintas. Se, na década de 1930, o movimento negro (o primeiro movimento negro brasileiro) estava preocupado com uma ideia assimilacionista, baseada no mito da democracia racial, hoje as lideranças negras atuam com modelos de positivação da "raça" e da cultura negra. Nesse sentido, apreende-se que a raça atua, ainda hoje, como demarcador entre grupos sociais. Contudo, a raça aqui pertence ao domínio da cultura, e não do biológico.

Os modelos do passado que traziam a "raça" presa ao seu conteúdo biológico, hierarquizando indivíduos e grupos sociais, não dão conta de uma realidade social contemporânea, que demonstra um caráter muito mais complexo no que diz respeito à dinâmica das relações raciais.

> *A "raça", pensada como canal de atribuição de características inatas aos sujeitos e que transportaria aptidões, habilidades, valores morais e qualidades intelectuais pertencentes a uma "natureza" dos indivíduos, não tem mais lugar nesse debate.*

Ela faz parte de uma relação que – como mostramos anteriormente – atendia a fins políticos e ideológicos para a manutenção de ideais em torno de supremacias de nações/povos em relação a outros. Assim, se a raça ainda é pensada como atributo que evoca diferenças entre grupos, não pode mais ser conceituada em termos racistas: atributos físicos que pretendem evidenciar diferenças de ordem moral entre sujeitos.

( . )

# Ponto final

Neste capítulo, abordamos as visões de algumas escolas que, durante o século XIX, se debruçaram sobre a teoria racial. Mesmo que de forma breve, o intuito foi apresentar as principais ideias de raça presentes nessas teorias: a ideia de raça como produtora de diferenças baseadas na natureza física dos indivíduos; a ideia de que existem raças superiores e raças inferiores. Relacionado a esses pontos, procuramos demonstrar que essas teorias serviram de suporte ideológico para a manutenção da supremacia de algumas nações e ocupam papel fundamental no pensamento racial brasileiro.

## Indicação cultural

RODRIGUES, V. R. *"De gente da barragem"* a *"Quilombo da Anastácia"*: um estudo antropológico sobre o processo de etnogênese em uma comunidade quilombola no município de Viamão/RS. 2006. 159 f. Dissertação (Mestrado) – Instituto de Filosofia e Ciências Humanas, Programa de Pós-Graduação em Antropologia Social, Universidade Federal do Rio Grande do Sul, Porto Alegre, 2006. Disponível em: <http://www.bibliotecadigital.ufrgs.br/da.php?nrb=000520709&loc=2006&l=22cd1252b2467f93>. Acesso em: 11 set. 2008.

Esse trabalho produz uma abordagem que conecta a discussão racial do passado e do presente, por meio de debates acerca das reivindicações étnicas de grupos quilombolas. Nesse sentido, a autora discute sobre as diversas concepções de raça produzidas por escolas científicas e a maneira como foram incorporadas a modelos de nação brasileira. Ainda aborda como a "raça" é incorporada por grupos étnicos dando sentido às suas lutas políticas.

# Atividades

1. Conforme o texto estudado, a raça:
   a. deve ser pensada em termos de diferenças biológicas entre os sujeitos.
   b. é uma característica indissociável de qualquer grupo social.
   c. é resultado de cruzamentos históricos e ideológicos específicos.
   d. é mais importante que a cultura.

2. Em sua obra, Gilberto Freyre (1992) faz uma interpretação positiva sobre a miscigenação racial brasileira. Isso quer dizer que:
   a. de fato, não há racismo no Brasil.
   b. raça é o mesmo que racismo, já que Freyre desmonta as teorias que pretendem explicar a raça.
   c. a miscigenação sempre foi um projeto político na nação brasileira.
   d. a "mistura", nos termos de Freyre, promovia uma democratização da sociedade brasileira.

3. Diversas correntes de pensamento relacionaram aspectos da raça como perniciosos ao desenvolvimento das nações. Segundo elas, existiriam raças superiores e inferiores. Logo:
   a. a raça é uma construção social que pode ser evocada pelos sujeitos em determinadas circunstâncias políticas.
   b. é impossível falar em raça nos dias atuais.
   c. sempre que falamos em raça, acabamos por evocar o pensamento ideológico dominante.
   d. se podemos pensar a raça como um construto social, podemos concluir que algumas culturas podem ser superiores a outras.

( 7 )

Teorias da etnicidade

*Ana Paula Comin de Carvalho*
*Cristian Jobi Salaini*

No capítulo anterior, procuramos evidenciar o papel que a "raça" ocupou como construtora de "realidades" científicas e ideológicas que apontavam para a justificação de superioridade de alguns grupos humanos sobre outros. O objetivo aqui será, por meio da apreensão de parcela da teoria sociológica e antropológica correlata ao tema, demonstrar que a temática racial ganha em complexidade por se apresentar inscrita em um universo ainda maior: o do fenômeno étnico.

(7.1)

# Da raça à etnia

Segundo Philippe Poutignat e Jocelyne Streiff-Fenart (1998), a noção de etnia foi introduzida nas ciências sociais pelo antropólogo francês Georges Vancher de Lapouge (1854--1936), que criou o termo para evitar a confusão entre raça, identificada por ele como associação de características morfológicas e qualidades psicológicas, e grupos formados a partir de laços intelectuais, como cultura ou língua, que seriam agrupamentos resultantes da reunião de elementos de raças distintas. Esses agrupamentos encontram-se sujeitados, em virtude de questões históricas, a instituições, organizações políticas, costumes ou ideias comuns. Diferentemente das nações, a solidariedade entre os membros de uma etnia resistiria até mesmo à fragmentação do grupo que a produziu. Desse modo, o termo foi forjado para dar conta de uma solidariedade de grupo específica, diferente daquelas pretensamente produzidas pela organização política (nação) ou pela semelhança antropológica (raça).

O sociólogo alemão Max Weber (2000) (1864-1920) mostrou que a raça, como determinante de uma aparência exterior herdada e transmissível pela hereditariedade, não interessa por si mesma ao pesquisador. Ela só adquire importância quando é sentida subjetivamente como uma característica comum e constitui, por essa razão, uma fonte da atividade comunitária, isto é, de uma ação social que repousa no sentimento dos participantes de pertencer ao mesmo grupo.

O parentesco, ou as diferenças físicas, não funda a atração ou a repulsa entre as coletividades. É por meio do estabelecimento de relações de dominação de um grupo sobre o outro que esses elementos são socialmente levados em consideração. Em outras palavras, a atração ou a repulsa são socialmente construídas pelo emprego dos mais diversos elementos.

Para Weber, tanto as disposições raciais quanto as adquiridas pelos hábitos de vida podem dar lugar a relações sociais comunitárias, não havendo, portanto, necessidade de operar-se uma distinção fundamental entre elas. Sendo assim, a raça, do mesmo modo que os costumes, pode atuar como uma das forças possíveis na formação de comunidades. Os contrastes porventura existentes têm de ser conscientemente percebidos como tais pelos agentes para criar nos participantes um sentimento de comunidade e relações associativas fundadas explicitamente nessas diferenças.

Ainda de acordo com Weber (2000), o grupo étnico se define a partir da crença subjetiva na origem comum, não sendo possível procurar sua fonte na posse de traços, quaisquer que sejam eles. O sociólogo ressalta a importância de um interesse comum que induz a ação comunitária política, sendo esta última que gera a ideia de uma comunidade de sangue. O conteúdo de uma comunidade étnica é a crença em uma honra, ou seja, a convicção da excelência de seus próprios costumes e da inferioridade dos outros.

Em suma, o que distingue, para Weber, a pertença racial da pertença étnica, é que a primeira estaria efetivamente fundada numa comunidade de origem, num parentesco biológico efetivo, ao passo que a segunda estaria baseada na crença do sentimento e da representação coletiva da existência de uma comunidade de origem. No entanto, a pertença racial não seria condição suficiente para a produção de relações comunitárias. Tal característica precisaria ser socialmente levada em consideração nas interações entre os grupos e mobilizada politicamente para fomentar sentimentos e ações comunitárias. Nessa perspectiva, não são as características físicas que determinam comportamentos ou a existência de grupos, e sim os sentidos socialmente construídos e compartilhados nas relações.

Desse modo, percebemos um importante deslocamento nos termos do debate sobre raça e etnicidade. Não se trata mais de uma simples oposição entre coletividades formadas por características morfológicas e psicológicas e outras compostas por características culturais – agora ambos os elementos não representam nada por si mesmos e podem configurar comunidades étnicas.

(7.2)
## Grupos étnicos e suas fronteiras

Como Weber já havia percebido, não é possível definir uma unidade étnica por uma lista de traços raciais ou culturais. Ciente disso, o antropólogo norueguês Frederik Barth debruçou-se sobre a forma como a diversidade étnica é socialmente articulada e mantida, desfazendo um conjunto de enganos que cercavam a questão até então. Barth (1998) mostra que o isolamento geográfico e social não produz diversidade étnica, ao contrário, mobilidade, contato e informação entre os grupos podem ser os elementos que fundam sistemas sociais englobantes, baseados em estatutos étnicos dicotomizados.

Para esse autor, os grupos étnicos são categorias de atribuição e identificação que organizam as interações entre as pessoas. O enfoque da sua análise está na geração e na manutenção dos grupos étnicos. Não se trata mais de investigar a história e a constituição interna de grupos distintos, mas de pesquisar as fronteiras étnicas e a perpetuação delas. O grupo étnico passa a ser definido como forma de organização social em que podem ser colocados conteúdos de formas e dimensões variadas (sinais ou signos diacríticos e valores morais estão entre os mais frequentes).

A ideia central dessa perspectiva é a de que a continuidade do grupo étnico depende da manutenção das fronteiras sociais que definem um "nós" em oposição a um "eles". Os indivíduos de grupos étnicos distintos precisam compartilhar de alguns critérios de avaliação e julgamento comuns para atribuir e identificar o outro. Ao mesmo tempo, para reconhecer este outro, é preciso que haja limites nessa compreensão comum. São os critérios e sinais de identificação e estruturação da interação entre os grupos étnicos que permitem a persistência das diferenças culturais.

Quanto mais complexo for o sistema poliétnico, maior será a necessidade de regular as interações entre os grupos distintos e de estabelecer critérios de inclusão e exclusão, devido às relações de interdependência entre os grupos. A coexistência de grupos étnicos em que um grupo domina os recursos pode se tornar hierárquica, estratificada, mas dificilmente se observa o inverso. Sociedades estratificadas não geram grupos étnicos, pois, nesses casos, cada um deles desempenha alguns tipos de papéis sociais específicos.

## (7.3)
## Minorias étnicas

O sociólogo Michael Banton (1977) analisa as minorias étnicas pelo foco da desigualdade social, afirmando que elas podem ser definidas por si mesmas e pela sociedade englobante. Também atenta para o fato de ser um tipo de minoria que cultiva a diferença justificada na descendência comum. Mas, para que uma minoria étnica se constitua, é preciso que haja uma crença comum na legitimidade das organizações de cunho étnico e também ter em vista as fronteiras de inclusão e exclusão que definem as minorias.

Nesse sentido, a etnicidade seria uma maneira de dar sentido às lutas que se originam nas desigualdades sociais. É preciso perceber que, quando o autor fala de fronteiras de inclusão, refere-se aos códigos que indicam a pertença a um grupo em particular. As fronteiras de exclusão são os códigos da "sociedade maior" que englobam minorias, classificando-as negativamente.

A riqueza da proposta desse modelo de análise dos grupos étnicos reside na possibilidade de entender processos de "positivação" de identidades por determinadas coletividades. A ETNICIDADE é percebida como um processo de elaboração interna positiva da diferença, que pretende alcançar outros níveis de representação política, como o Estado Nacional, por exemplo.

Trata-se de entender como sentimentos e códigos de pertença são alocados no sentido de fornecerem "instrumentos de luta" política. Elementos da raça que, em determinados momentos das histórias locais, foram vistos de forma depreciativa e negativa, podem ser reinterpretados com o objetivo de elevação positiva de determinado grupo perante a sociedade envolvente. Essa ideia fez parte da proposta dos movimentos negros nos EUA durante a década de 1960, por exemplo. A "raça", antes vista como elemento classificador e inferiorizante, passa a ser entendida como fator de elevação da "cultura negra".

## (7.4) Alguns exemplos brasileiros para reflexão

Ao estudar as práticas da "Comunidade do Cafundó", em Salto de Pirapora, cidade do interior do Estado de São Paulo, os pesquisadores Peter Fry (antropólogo) e Carlos Vogt (linguista) identificam essa língua como sinal distintivo, que situa os membros da comunidade tanto em relação à sociedade englobante como também em relação à própria comunidade. Essa língua foi "descoberta" em 1978 pela imprensa e, desde então, pesquisadores são chamados no intuito de melhor compreendê-la. Porém, a ideia de que a pesquisa versaria centralmente sobre as "origens" da língua é quebrada quando os pesquisadores vislumbram o papel que ela adquire nos processos de diferenciação social do grupo.

Segundo Vogt e Fry (1996), ao utilizar a "língua" específica, o grupo articula, com suas identidades de "caipiras" e de "pretos", uma identidade de "africanos". Pelo uso da "língua", seria possível uma busca da identidade perdida, que se renova pelas contingências das demandas sociais às quais a comunidade estava sendo submetida no momento da pesquisa: o reconhecimento de suas terras. Do ponto de vista analítico, os pesquisadores não estavam preocupados com uma perspectiva que pudesse evidenciar os traços "verdadeiramente" africanos contidos nela, mesmo que do ponto de vista filológico tenham sido evidenciados os seus traços na linguagem africana denominada *bantu*.

O objetivo dos pesquisadores foi demonstrar como, pelo uso dessa língua considerada estranha por muitos, foi possível atualizar elementos de sua cultura, conferindo-lhes visibilidade por meio da ETNICIDADE. Reconhecendo uma origem africana para a língua do Cafundó, os brancos da vizinhança, que frequentemente viam os moradores do Cafundó como "vagabundos", passaram a lhes conferir certa importância. Assim, os moradores do Cafundó – que também falam o português – utilizam sua "língua africana" em momentos específicos, elemento que os define interna e externamente.

De forma semelhante, a antropóloga Mariana Balen Fernandes (2004) analisa as práticas tradicionais contidas na modalidade religiosa conhecida como "maçambique". Essa prática ganhou visibilidade em função do contexto que possibilitou a demanda, por parte da comunidade de Morro Alto (sua área se estende pelos municípios de Maquiné e Osório, no Rio Grande do Sul), em torno de seu reconhecimento como "remanescente de quilombo". De forma geral, o maçambique, como emblema étnico, dialoga com sinas tidos como símbolos africanos e/ou afro-brasileiros.

O uso de vestimentas, as rezas e os cantos, que são transmitidos geracionalmente, dão os contornos dessa prática. Ainda, o ritual do maçambique apresenta, na reverência da figura de Nossa Senhora do Rosário (ícone de uma narrativa que a coloca como protetora dos negros), um dos principais veículos que informam o elemento étnico, fazendo com que esse ritual se apresente como uma "festa negra católica popular".

Por meio de um ritual católico popular, os negros da região realizam, de forma simultânea, a transmissão de parte de seus conhecimentos geracionais e também apresentam um diferencial em relação ao seu entorno, obtendo reconhecimento e visibilidade. O contexto político de reconhecimento, como "remanescente de quilombo", ajudou a visibilizar essa prática, estabelecendo novos sentidos a esse elemento da tradição local e promovendo um contexto de ETNICIDADE.

O que tentamos mostrar é como a apreensão da ETNICIDADE nos possibilita visualizar, de forma mais ampla, o fenômeno étnico-racial. Ao mesmo tempo que a RAÇA não pode mais ser entendida como elemento naturalizado da vida dos grupos, a ETNIA também não deve ser entendida enquanto "coleção" de características coletivas.

As características a serem utilizadas pelos grupos no momento das definições não são fixas e apresentam, portanto, um caráter flexível para a identidade étnica. Mas estaríamos diante de uma total arbitrariedade no que diz respeito às identidades étnicas? Colocado de outra maneira: qualquer grupo poderia tornar-se, a qualquer tempo, o que melhor lhe conviesse? Os exemplos elencados – e outros – nos mostram que não.

Os grupos acionam, em contextos sociais e políticos específicos, determinados sinais que, de alguma maneira, "estavam lá". Portanto, não se trata de uma invenção que teria como objetivo fundamental algum tipo de retorno político, econômico ou social. A ETNICIDADE lida com a noção fundamental de elementos que são escolhidos dentro de um "estoque" possível que, sem dúvida alguma, dialogam com as tradições e culturas dos grupos.

Assim, a "raça" torna-se um dos canais possíveis de visibilização identitária. Mesmo que não seja mais possível crer no seu papel enquanto "legitimador de superioridades". A raça, antes contida no domínio estritamente ideológico, passa a fazer parte do escopo da CULTURA, atualizando processos de demandas identitárias.

A antropóloga Vera Regina Rodrigues (2006, p. 37), ao refletir sobre as demandas de um número expressivo de comunidades pelo país que reivindicam reconhecimento enquanto "remanescentes de quilombo"[a], conforme previsto na Constituição Brasileira, aponta que:

*esses olhares de nossos homens de ciência trarão, calcados na ideia de raça, um aporte de significados e implicações para as discussões sobre, por exemplo, cultura e sociedade no Brasil. O cruzamento desses olhares dialoga no século XX e XXI com as visões de antropólogos, historiadores e militantes que ampliando o debate sobre "raça", ressemantizam o conceito de quilombo. Quilombo passa assim a interligar-se com as dimensões da história e da cultura para enfim perpassar contemporaneamente noções de identidade étnica, direitos socioculturais e pleitos políticos que seguem na esteira dos "velhos" e "novos" debates.*

Por meio dessa apreensão conceitual, temos uma ideia mais complexa acerca do fenômeno étnico racial e seus desdobramentos. Lidamos com uma série de conceitos, como os de RAÇA e ETNIA, tentando mostrar como atuaram

---

a. O art. 68 dos Atos das Disposições Constitucionais Transitórias dispõe que aos "remanescentes das comunidades dos quilombos que estejam ocupando suas terras é reconhecida a propriedade definitiva, devendo o Estado emitir-lhes os títulos respectivos" (Brasil, 1988).

e atuam na forma de visualização da realidade social, fornecendo contextos possíveis de emergência de identidade por parte de grupos específicos.

( . )

## Ponto final

Buscamos discutir, neste capítulo, a noção de raça e etnia sob a luz de algumas teorias da etnicidade. O texto versou sobre os principais pontos: 1) As noções de raça e etnia são construções sociais. Ainda, é a cultura que funda a noção de raça e não o contrário; 2) A etnicidade atua como possibilidade de visibilidade e luta política por parte de grupos sociais; 3) A identidade étnica é flexível e relacional; 4) Os grupos selecionam sinais específicos em suas lutas identitárias as quais acabam por ganhar um revestimento político; 5) É preciso uma noção de uma origem e destinos compartilhados para que exista um grupo étnico.

### Indicação cultural

ATLÂNTICO Negro – na rota dos orixás. Direção: Renato Barbieri. Produção: Videografia. África/Brasil: Videografia, 1998. 54 min.

Trata-se de uma excelente apreensão sobre a relação África-Brasil (a influência africana na religiosidade brasileira), mostrando-nos como a etnicidade é um fenômeno dinâmico e sujeito a mudanças.

# Atividades

1. Segundo o sociólogo alemão Max Weber (2000):
   a. raça e cultura apresentam a mesma origem ontológica.
   b. a raça é fundada pela cultura.
   c. faz-se necessário apreender, na compreensão do fenômeno étnico, a descendência comum racial dos indivíduos pertencentes a um grupo.
   d. identidade étnica é o mesmo que identidade social.

2. O antropólogo Frederik Barth (1998) foca sua análise de grupos étnicos:
   a. na origem de grupos sociais que, em momentos políticos específicos, acionam a etnicidade como modelo de representação política.
   b. na origem dos grupos raciais primários e secundários.
   c. no destino compartilhado de, pelo menos, dois grupos em interação.
   d. na manutenção das fronteiras étnicas de determinado grupo.

3. A ETNICIDADE, de uma forma geral, relaciona-se:
   a. à constituição e desenvolvimento étnico de grupos sociais.
   b. à mobilização política de determinado grupo étnico baseado em seus critérios de pertença.
   c. aos "fluxos" de cultura que perfazem o fenômeno étnico.
   d. aos processos de efervescência política que se originam da natureza racial dos grupos.

( 8 )

Desigualdades
étnico-raciais no Brasil

*Cristian Jobi Salaini*

**No capítulo anterior,** vimos como a noção de raça, como produtora de desigualdades naturais entre os sujeitos, foi sendo substituída, no Brasil, pela ideia da presença de um "mito da democracia racial". Se antes tínhamos um modelo que informava que a "mistura" acaba por formar um tipo inapto e indesejável, com esse mito temos exatamente o inverso. É exatamente essa mistura de raças que mostraria nossa forma de viver em harmonia e sem hierarquias sociais. Seríamos o local propício para encontrar um ambiente de igualdades raciais, ao contrário dos

Estados Unidos, que se encontrariam no diâmetro oposto dessa leitura, por possuir um tipo de modelo bipolar racial entre brancos e negros.

## (8.1)
## Os dados estatísticos sobre a desigualdade racial

Os estudos contemporâneos apontam para o "descortinamento" desse mito brasileiro, mostrando como as desigualdades raciais persistem apesar desse tipo de interpretação. A diferença nos indicadores de qualidade de vida entre negros e brancos é notória num país que tem sua população negra em crescimento.

O acesso à saúde, a diferença de renda e o acesso à universidade são ainda elementos que demonstram como as desigualdades sociais estão profundamente relacionadas com o elemento racial. Em 1976, tínhamos 57,2% da população formada por brancos e 40,1% por negros. Em 1987, a população de pretos e pardos aumentou para 43% da população e, em 1996, para 44,2%. Em 2006 temos 49,5% da população total residente negra (42,6% pardos e 6,9% pretos)[a].

Esse aumento, todavia, não se fez acompanhar da melhoria dos indicadores de qualidade de vida desse segmento da população brasileira. Analisando os dados referentes à renda média de brancos e negros no Brasil,

---

a. Segundo convenção do Instituto Brasileiro de Geografia e Estatística, a categoria *negro* refere-se ao somatório de pretos e pardos. Não indica uma categoria de autoidentificação dos sujeitos.

podemos ter uma ideia de como as desigualdades em torno do critério da raça perduram, diminuindo o acesso desse contingente populacional a melhores condições de qualidade de vida.

Os estudos do Instituto de Pesquisa Econômica Aplicada – Ipea (Brasil, 2008) – demonstram que houve uma diminuição na diferença de rendas de brancos e negros desde o ano de 2001. Apontam, contudo, que a velocidade de redução se mantém constante e estimam que seriam necessários 32 anos para existir um equilíbrio entre a renda de brancos e negros. Mesmo com a diminuição da diferença constatada desde 2001, temos ainda uma renda bruta mensal de R$ 1.092,25 para a população "não negra" e de R$ 578,24 para a população negra.

Sem dúvida, a questão da renda está diretamente relacionada com as profissões ocupadas pelos negros na sociedade brasileira. Cabe notar que os espaços do setor econômico que apresentam as piores condições (remuneração, estabilidade e proteção) têm uma participação negra acentuada. Temos, para a construção civil e para os serviços domésticos, 57,9% e 59,1%, respectivamente, de trabalhadores negros. Entre os trabalhadores não remunerados, 55% são negros e, entre os assalariados sem carteira, os negros chegam a 55,4%. As posições profissionais melhor estruturadas estão quantitativamente mais representadas pelos brancos. Entre os assalariados com carteira assinada e entre os empregadores, 57,2% e 71,7%, respectivamente, são brancos.

Entre 1976 e 2006, as taxas de alfabetização mostram uma melhoria no que diz respeito à razão entre brancos e negros alfabetizados. Em 1976, 92% dos brancos sabiam ler e escrever, enquanto 78% dos negros possuíam essa habilidade. A universalização da instrução fundamental diminui essa distância, fazendo com que quase todos os brancos e negros de 16 anos de idade soubessem ler e escrever em 2006. Porém, a melhoria não se deu em todos os campos do ensino. Quanto ao acesso ao ensino superior, a distância social entre brancos e negros aumentou nos últimos 30 anos. Em 1976, 5% dos brancos obtiveram um diploma superior até os 30 anos de idade, enquanto os negros possuíam um percentual inexpressivo em relação ao acesso à formação superior. Em 2006, 5% dos negros tinham um diploma, contra 18% dos brancos (até os 30 anos de idade). Como vemos, a razão percentual entre negros e brancos com curso superior é maior do que a obtida em 1976.

Os exemplos relacionados às taxas de alfabetização e à conclusão de um curso superior nos demonstram a complexidade do fenômeno racial e suas consequências do ponto de vista da produção de desigualdade. De acordo com os estudos do Ipea (Brasil, 2008, p. 10), isso nos leva a um entendimento que privilegie a avaliação das especificidades no que diz respeito ao campo das políticas públicas:

> *A história da educação superior do país mostra que não é qualquer política que é redutora das desigualdades raciais. Hoje, o fechamento das universidades aos negros é um dos fatores mais importantes que impedem sua mobilidade social ascendente. Não se vislumbra que a universidade em algum momento seja para todos. No entanto, quando a cor da universidade, pública ou privada, é tão mais branca que negra, a educação superior passa a ser um elemento de reprodução das desigualdades raciais ao impedir a formação de uma elite negra, ou melhor, ao impedir o acesso dos negros à elite do país.*

O objetivo aqui foi trazer alguns dados sobre desigualdade racial no Brasil. Não se trata de tomar números como "princípios de realidade", e sim de tentar desenvolver um olhar crítico sobre essas informações. O empreendimento aqui foi bastante panorâmico, já que poderíamos ainda falar de muitos outros indicadores estatísticos ou mesmo trazer dados sobre a desigualdade racial de outros grupos, como o relativo às populações indígenas no Brasil, por exemplo. Por ora, temos aqui um suporte mínimo para refletir sobre a complexidade das relações raciais brasileiras.

(8.2)
## Pensando a desigualdade racial

Após a abolição da escravidão, a condição dos negros no país, por exemplo, foi e ainda é tema de estudos sociológicos, antropológicos e historiográficos. A inexistência de "conflitos raciais abertos" no período pós-abolição levou muitos a pensarem numa sociedade harmônica em termos raciais, corroborando a ideia de democracia racial anteriormente citada.

Muitos estudos, porém, tendem à desconstrução do mito da democracia racial, utilizando, como referencial comparativo, o caso norte-americano. Esses trabalhos apontam para os códigos que orientam as desigualdades raciais. Esses códigos dizem respeito, fundamentalmente, à forma de pensarmos os "não brancos" no Brasil. Desse modo, ENTENDER AS DESIGUALDADES RACIAIS QUE SE OBJETIVAM NOS DADOS ESTATÍSTICOS PASSA, INVARIAVELMENTE, PELA FORMA QUE "PENSAMOS" E INTERPRETAMOS O "OUTRO".

O sociólogo Oracy Nogueira (1917-1996) teve importante papel no debate racial brasileiro pelo apontamento do caráter ideológico da democracia racial que, do ponto de vista sociológico, se deu por meio da construção de um modelo comparativo com o modelo racial norte-americano. Segundo Nogueira (1985), há uma diferença fundamental entre o Brasil e os EUA na forma de visualização do preconceito racial. No caso brasileiro, estaríamos frente a um tipo de PRECONCEITO DE COR, enquanto nos EUA a questão se relacionaria mais com um PRECONCEITO DE ORIGEM.

Segundo essa leitura, a forma de identificar racialmente alguém no Brasil se dá por intermédio de características físicas. É no fenótipo do indivíduo, em sua aparência mais externa, que estaria o primeiro canal de exclusão de um sujeito na sociedade brasileira. Ao contrário, na sociedade norte-americana, o critério fundamental da classificação racial estaria contido na origem do indivíduo: ter um ascendente, um parente distante negro, por exemplo, iria colocá-lo automaticamente no grupo negro, desde que a "sociedade envolvente" tenha conhecimento dessa origem.

No caso brasileiro, essa origem seria ofuscada pela aparência mais imediatamente verificável do indivíduo. Isso quer dizer que, no Brasil, se uma família "embranquecer" ao longo de gerações em função de casamentos inter-raciais, ela poderia ser incorporada ao "grupo branco", algo que não ocorreria no modelo norte-americano.

A antropóloga Giralda Seyferth (1993) vê limites nessa interpretação por entender que, no Brasil, o preconceito de cor e as classificações decorrentes dele para classificar os negros apresentam-se como uma forma indireta do preconceito de origem. De qualquer forma, o que nos interessa conservar dessa discussão é o fato de que temos, nos primórdios de nosso pensamento social, as causas da desigualdade racial que perduram até os dias de hoje.

Os antropólogos Roberto DaMatta (1981) e Daisy Macedo de Barcellos (1996) contribuem no entendimento dos mecanismos da persistência da desigualdade racial. Ele fala de um modelo de pensamento que foi sendo criado no Brasil, o qual denomina de "fábula das três raças". No campo ideológico, a ideia de "nação brasileira", de "povo brasileiro", teria sido conformada pelo papel e participação dos brancos, negros e índios. Nossa "cultura brasileira" seria formada por esse "caldeirão" construído dessa mistura que levou em consideração as características de diferentes origens raciais. Poderíamos vislumbrar algumas das resultantes conseguidas nesse processo pela visualização das figuras do mameluco, do cafuzo e do mulato.

DaMatta demonstra como o colonizador português trouxe consigo um sistema profundamente hierarquizador, que, porém, faz com que os elementos de pertença de raça "fiquem apagados" em função de outros critérios hierárquicos, de classificação social, de posição social e de prestígio. Portanto, nesse sistema, não haveria a necessidade de uma segregação direta entre negros, brancos, mulatos e mestiços, já que o próprio sistema hierárquico de posições sociais no Brasil dá conta de colocar as diferenças étnico--raciais no "seu lugar".

Estaria aí parte da explicação para a desigualdade racial do país em seu viés perverso, já que ao mesmo tempo em que a diferença é entendida como parte de uma "totalidade brasileira", ela apresenta-se num sistema hierarquizado e mantenedor das desigualdades. Desse modo, a desigualdade passa a ser "natural". Assim, a exclusão racial apresenta-se de maneira complexa, já que o critério de raça nem sempre é autoevidente nesses processos; porém, ele se cola a outros elementos do sistema de hierarquias brasileira. Segundo Barcellos (1996, p. 104):

*A estratificação de classes no meio urbano-industrial, a ideologia que preside o código individualista de incorporação dos cidadãos à sociedade nacional que não reconhece a sua própria segmentação étnico-racial termina por reforçar os mecanismos não formais de delimitação das fronteiras entre as suas diferentes comunidades. A mestiçagem, parte da ideologia racial brasileira, é tomada como seu símbolo. É posta como escalão intermediário e mediador das relações sociais entre os grupos branco e negro. [...] AS DIFERENÇAS GRUPAIS, QUANDO SÃO MARCADAS FENOTIPICAMENTE, DIFICILMENTE REMOVEM DAÍ OS SINAIS DEMARCADORES DA DIFERENÇA E EM ESPECIAL QUANDO ASSOCIADA À DESIGUALDADE.* [Grifo nosso]

Barcellos, em seu estudo a respeito das camadas médias de Porto Alegre, no Rio Grande do Sul, mostra que, mesmo quando lidamos com negros em processo de ascensão social, os lugares pensados na hierarquia brasileira com relação aos "não brancos" são incontornáveis. O fenótipo negro normalmente presume um "lugar" na sociedade brasileira. Possuir uma condição de *status* que não seja aquela imaginada pela sociedade envolvente pode criar situações em que o interlocutor da situação precise de "justificativas" para a sua posição social. Conforme exemplo retirado da tese de doutorado da antropóloga (Barcellos, 1996, p. 271):

*Diva[b], professora universitária, procurava se informar do número de apartamento de uma colega com quem iria reunir--se. Perguntou a uma moradora que saía dali no momento. A moradora indagou se ela não teria uma amiga para lhe indicar como empregada, e que fosse como ela, tão limpa, tão distinta. Diva replicou que também estava precisando de uma e*

---

b. Nome fictício.

*se ela tivesse também uma amiga, que lhe indicasse. Relatou o fato muito irritada. Era como se dissesse: Mais uma vez! Depois se comprazeu com a "cara que ela ficou".*

Essa situação demonstra como uma avaliação desse tipo pode ser, simultaneamente, de caráter racial e de rebaixamento de *status*. Isso porque, nos moldes das hierarquias anteriormente discutidas, não seria "normal" alguém com tal aparência física "sair de seu lugar". Daí o estranhamento da moradora que a indagou.

Mesmo que, pelo menos desde a década de 1970, muitos estudiosos, militantes e pesquisadores venham apontando para os limites do mito da democracia racial como modelo que realmente visualize as condições objetivas de exclusão de extratos da sociedade brasileira, cabe notar que as desigualdades sociais/raciais perduram do ponto de vista da estrutura social brasileira.

Cremos ser importante ressaltar que as lutas ocorridas em torno das políticas públicas no Brasil, apesar de terem conquistado avanços relativos do ponto de vista da melhoria da qualidade de vida de extratos raciais marginalizados da população, ainda não conseguiram decretar o fim dessa desigualdade social que, como vimos, está fundada nas diferenças existentes entre os sujeitos.

( . )
# Ponto final

O objetivo deste capítulo foi discutir como a diferença "racial" é, ainda hoje, produtora de desigualdades sociais marcantes entre os indivíduos. Procuramos pontuar que: o "mito da democracia" racial acaba por ofuscar determinadas relações entre os indivíduos no mundo social; dados mostram que, apesar do aumento numérico de pretos e pardos no país, as condições de vida desse segmento da população não apresentam uma melhoria correlata; existem autores preocupados em entender como se conformam as lógicas de classificação entre os sujeitos, que promovem a exclusão e a desigualdade social e racial. Existe uma forma historicamente produzida no Brasil, que deu conta de colocar naturalmente "cada um em seu lugar", naturalizando as desigualdades pela existência de diferenças entre os indivíduos.

## Indicação cultural

QUANTO vale ou é por quilo? Direção: Sérgio Bianchi. Produção: Agravo Produções Cinematográficas. Brasil: Europa Filmes, 2005. 110 min.

Uma ótima oportunidade para a reflexão sobre desigualdades sociais e raciais no Brasil. O filme faz uma analogia entre o comércio de escravos no Brasil e questões relativas ao atual estado de miséria no país.

# Atividades

1. O sociólogo Oracy Nogueira (1985) nos propõe uma forma de pensar as relações raciais que:
   a. tome como ponto de partida o "preconceito de cor" existente nos sujeitos, por ser o mais adaptável à sociedade brasileira.
   b. através de um modelo comparativo entre Brasil e EUA, nos leve a formas de pensar as relações raciais nesses dois países: o preconceito de cor e o preconceito de origem, respectivamente.
   c. tome os EUA como modelo de relações raciais para o Brasil.
   d. tome o Brasil como modelo de relações raciais para os EUA.

2. O antropólogo Roberto DaMatta (1981) nos fala de uma sociedade brasileira:
   a. que, a partir da "fábula das três raças", institui um sistema profundamente hierarquizador, no qual os elementos de pertença racial são ofuscados por outros critérios de classificação social e prestígio.
   b. como modelo desejável e até mesmo copiável por outros países, já que demonstrou o sucesso da contribuição de diferentes raças no processo civilizatório brasileiro.
   c. em que as hierarquias sociais podem ser apagadas em função da raça dos indivíduos.
   d. que precisa investir de forma mais incisiva na completude do modelo já iniciado na "fábula das três raças".

3. Segundo o que foi tratado no texto estudado, a desigualdade racial:
   a. não apresentou nenhuma melhoria nos últimos anos.
   b. está completamente subsumida no campo das desigualdades sociais.
   c. não apresenta distinção alguma da noção de "diferença social".
   d. constitui-se em um fenômeno complexo, que apresenta relação direta com as diferentes ideologias formadoras do Brasil e "naturaliza" as desigualdades com base nas diferenças físicas existentes entre os indivíduos.

# ( 9 )

## Preconceito e discriminação, estereótipos e estigmas

*Ana Paula Comin de Carvalho*

Em nosso dia a dia, é muito comum ouvirmos piadas sobre mulheres, negros, portugueses, judeus, deficientes físicos, entre outros grupos sociais. Por meio do humor, expressam-se várias formas de preconceitos existentes em nossa sociedade, que reforçam ou, muitas vezes, justificam as desigualdades de tratamento e oportunidades entre as pessoas. No entanto, dificilmente se adota uma atitude reflexiva sobre esses fatos.

Neste capítulo, trataremos do preconceito, abordando seu significado, as principais formas de sua manifestação, seus componentes e os mecanismos de sua manutenção. Discutiremos também a sua relação com a discriminação e os sentidos de outras categorias correlatas importantes: estereótipo e estigma social.

## (9.1)
## Mas, afinal, o que é o preconceito?

No seu sentido usual, o preconceito implica um julgamento prematuro e inadequado sobre determinada coisa ou ainda uma opinião formada sem reflexão. Do ponto de vista sociológico, grande parte dos autores se reporta à definição forjada pelo psicólogo norte-americano Gordon William Allport (1954), em seu livro *A natureza do preconceito (The nature of prejudice)*. Segundo esse autor, o preconceito pode ser definido como uma atitude hostil contra um indivíduo, simplesmente porque ele pertence a um grupo desvalorizado socialmente.

Como existem vários grupos em nossa sociedade que se encontram nessa condição desprivilegiada, temos muitos tipos de preconceitos. Entre eles, destacam-se:

- O preconceito sexual, que se refere a determinado gênero – em geral o feminino – ou a uma identidade sexual considerada desviante (como a dos homossexuais);
- O preconceito racial, que se dirige aos grupos definidos em função de características físicas ou fenotípicas supostamente herdadas (como os negros);

- O preconceito étnico, que se reporta às coletividades culturalmente diversas, que podem ou não apresentar características físicas ou fenotípicas distintas (como os ciganos);
- O preconceito social, que diz respeito ao sentimento de aversão a pessoas de classe distinta (como os pobres).

Outra forma de preconceito bastante relevante é o etnocentrismo. Ele geralmente não se restringe a uma atitude positiva de um indivíduo a respeito da sua própria sociedade ou cultura, mas envolve também alguns sentimentos de superioridade em relação a outros grupos.

Durante muito tempo, os europeus pensaram que as suas sociedades estavam no patamar mais desenvolvido da escala evolutiva, enquanto as demais encontravam-se em estágios primitivos de civilização, já que não possuíam a mesma organização e costumes que os deles. Esse é um exemplo clássico de etnocentrismo.

Segundo o sociólogo americano Robin M. Williams Junior (1996), os dados de inúmeras pesquisas realizadas sobre os vários tipos de preconceito permitiram o estabelecimento de alguns consensos sobre o tema:

- embora seja um fenômeno generalizado, ele não é universal;
- o preconceito não é monopólio desta ou daquela sociedade, desta ou daquela cultura;
- os preconceitos em relação a diferentes grupos tendem a andar juntos;
- os indivíduos variam na intensidade e espécie de seus preconceitos;
- os preconceitos encorajam comportamentos discriminatórios e as orientações dadas às políticas públicas, ao mesmo tempo em que são por eles gerados;

- preconceitos e comportamento não são necessariamente congruentes, situações específicas podem afetar consideravelmente a conduta, apesar de atitudes generalizadas.

## (9.2) Componentes do preconceito

Conforme Williams Junior (1996), as manifestações do preconceito podem ter componentes cognitivos, afetivos e comportamentais. O primeiro componente diz respeito às ideias e crenças negativas sobre membros de um grupo social. Elas colaboram para a configuração do segundo, isto é, dos sentimentos de desprezo, ódio e medo em relação a esses indivíduos.

A dimensão afetiva do preconceito gera, por sua vez, a predisposição para agir de forma discriminatória em relação a integrantes de determinada coletividade. Vejamos o esquema a seguir:

Figura 9.1 – *Componentes relacionados ao preconceito*

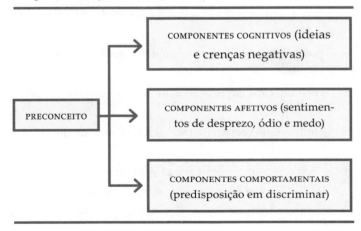

Segundo Allport (1954), o preconceito pode resultar da frustração das pessoas que se sentem exploradas e oprimidas e não podem manifestar a sua raiva contra quem deveriam. Desse modo, elas acabam deslocando sua hostilidade para aqueles que estão mais abaixo na escala social. Um exemplo disso é o receio que a classe média tem, em geral, das pessoas pobres.

Por outro lado, como aponta Williams Junior (1996), a competição econômica entre grupos étnico/raciais estimula o preconceito, assim como as lutas pelo poder político ou pela conquista de prestígio e deferências sociais. Em situações de crise econômica, os imigrantes passam a ser vistos com preconceito pela população do país em que se encontram, pois se considera que eles estão tomando o trabalho dos nacionais.

(9.3)
# Diferenciando preconceito e discriminação

Embora sejam conceitos correlacionados, preconceito e discriminação não têm o mesmo significado. Enquanto o preconceito corresponde a um juízo de valor antecipado, a discriminação é o ato de estabelecer diferenças, distinções e separações. Em outras palavras, ela é a materialização do preconceito.

Contudo, nem sempre quem tem preconceito em relação a um grupo discriminará um membro dele, mas quem discrimina alguém obrigatoriamente tem preconceito em relação à coletividade à qual esse sujeito pertence. Nesse sentido, para eliminar as práticas discriminatórias, ou pelo menos diminuí-las, precisamos entender e atuar sobre os preconceitos, já que eles são as causas geradoras delas.

De acordo com Williams Junior (1996), estudos têm demonstrado que preconceito e discriminação reforçam-se mutuamente. O aumento das hostilidades, dos estereótipos negativos e das atitudes de distanciamento social leva à intensificação da discriminação, incluindo a exclusão e a segregação imposta. Por sua vez, o aumento da discriminação leva a um preconceito mais profundo.

A discriminação gera e reforça o preconceito enquanto o preconceito cria uma base ideológica para a discriminação e sua racionalização. Dito de outro modo, o preconceito corresponde às ideias e crenças que respaldam ações e práticas em relação a determinados indivíduos e grupos sociais. Essas ações e práticas produzem novos preconceitos e fortalecem os já existentes.

*Figura 9.2 – Distinções entre preconceito e discriminação*

O sociólogo norte-americano Cohen (1980) aponta que os métodos de discriminação mais evidentes ao longo da história foram o aniquilamento, a expulsão e a segregação. O aniquilamento diz respeito ao processo pelo qual os membros de um grupo são deliberadamente assassinados por integrantes de outro. Um exemplo disso foi o extermínio dos judeus durante a Segunda Guerra Mundial.

A expulsão refere-se às situações em que um grupo expulsa outro de suas terras, de maneira que os seus partícipes são forçados a viver noutro local. Tomemos como exemplo a colonização dos Estados Unidos. Ela implicou a saída forçada de muitas tribos indígenas de seus territórios e no posterior aldeamento destas em reservas indígenas.

A segregação ocorre quando os membros de um grupo são obrigados a estabelecer residências separadas e a usar infraestrutura diferenciada dos demais. No geral, as casas, escolas, hospitais e hotéis são inferiores àqueles disponíveis a outras coletividades. Esse era o caso da África do Sul durante a vigência do sistema do *apartheid*.

Após a Segunda Guerra Mundial, conforme observam os psicólogos Marcus Eugenio Oliveira Lima e Jorge Vala (2004), aconteceram mudanças significativas que desestimularam a manifestação explícita de preconceitos. Nessa época, emergiram os movimentos pelos direitos civis nos Estados Unidos, as mobilizações políticas pela libertação das antigas colônias europeias e a Declaração de Direitos Humanos. Contudo, o preconceito não desapareceu, apenas passou a se expressar de maneira disfarçada e indireta. Isso tornou mais difícil a sua identificação e, por consequência, o seu combate.

## (9.4) Mecanismos de manutenção do preconceito

Segundo Williams Junior (1996), uma vez formado um preconceito como um complexo conjunto de crenças, valores e sentimentos, ele pode difundir-se e tornar-se normativo numa população por meio da socialização e do conformismo. Por meio da doutrinação e do exemplo, as crianças aprendem os preconceitos como parte do repertório cultural, o qual é absorvido em família e em outros grupos a que pertencem.

Quando tais preconceitos passam a ser normativos, isto é, viram regras, as expectativas e as exigências das autoridades e dos seus pares criam pressões e induções ao conformismo. Desse modo, uma tradição cultural de preconceito pode adquirir grande força e persistência.

É por essa razão que muitas ações de combate aos diferentes tipos de preconceito se desenvolvem no ambiente escolar, pois este é um dos principais espaços em que acontecem a socialização dessas crenças e ideias e o constrangimento social, a fim de que os indivíduos as aceitem como válidas.

## (9.5)
## Estereótipos e estigmas

Além das formas de preconceito que já abordamos, existem outras que se manifestam por meio de estereótipos e estigmas.

> Mas o que são estereótipos e estigmas?

De acordo com Seyferth (1993, p. 175-204), os estereótipos são elementos de discriminação extremamente eficazes, atribuídos a qualquer pessoa que possua algum sinal ou que tenha atitudes ou comportamentos que os próprios estereótipos evidenciam. Se uma mulher tem cabelo loiro e comete qualquer equívoco, imediatamente ela é rotulada de "loira burra", por exemplo.

Segundo Cohen (1980), os estereótipos só podem ser reduzidos se os diferentes grupos puderem interagir em condições de igualdade, sem que nenhum detenha posição de autoridade sobre o outro. Só assim eles poderiam aprender mais um sobre o outro e descobrir que os rótulos com que se identificavam eram equivocados.

Segundo o sociólogo canadense Ervin Goffman (1975), o termo *estigma* foi criado pelos gregos e dizia respeito a um conjunto de sinais corporais que se constituíam como indicativo de algo extraordinário sobre o *status* moral de quem os apresentava.

Essas marcas eram feitas com cortes ou fogo no corpo e avisavam que o seu portador era um escravo, criminoso ou traidor. Com o tempo, o termo passou a indicar depreciação daquele que o possui, a ponto de o estigmatizado construir estratégias de sobrevivência para esconder, o máximo possível, as marcas sociais que o fazem menor dentro da sociedade em que vive.

Para esse autor, o estigma social consiste numa severa rejeição de características físicas ou convicções pessoais que se opõem às normas culturais predominantes e geralmente levam à marginalização daqueles que as possuem.

Apesar de as características sociais específicas que se tornaram estigmatizadas variarem através do tempo e do espaço, existem três formas básicas de estigma, que podem ser encontradas na maioria das culturas e épocas:

- deformações aparentes ou externas, tais como defeitos físicos;
- desvios de conduta, como vícios em drogas e álcool;
- grupos étnicos ou religiosos desviantes do padrão dominante, assim como os judeus na Alemanha nazista.

Goffman analisou, em sua obra *Estigma: notas sobre a manipulação da identidade deteriorada*, os sentimentos da pessoa estigmatizada sobre si própria e a sua relação com os outros ditos "normais". Esse autor explorou a variedade de estratégias que os estigmatizados empregam para lidar com a rejeição alheia e a complexidade de tipos de informação sobre si próprios que eles projetam nos outros.

O sociólogo evidenciou a construção da carreira moral do estigmatizado como composta por diferentes fases. Na primeira fase, a pessoa estigmatizada aprende e incorpora o ponto de vista dos "normais", adquirindo, portanto, as crenças da sociedade mais ampla em relação à sua identidade e uma ideia geral do que significa possuir um estigma particular.

Na segunda, a pessoa aprende que tem um estigma particular e, depois, passa a conhecer detalhadamente as consequências de possuí-lo. Por fim, o estigmatizado procura manipular sua identidade a fim de sofrer menos em sociedade.

O estigma desempenha um papel central na produção e na reprodução das relações de poder e de controle em todos os sistemas sociais. Ele faz com que alguns grupos sejam desvalorizados e com que outros se sintam superiores de alguma forma. Em última análise, portanto, estamos falando de desigualdade social.

( . )

## Ponto final

Neste capítulo, vimos que o preconceito é uma atitude hostil contra um indivíduo que pertence a um grupo socialmente desvalorizado. Conhecemos as principais formas de preconceito – sexual, racial, étnico e social. Tratamos dos três componentes do preconceito: cognitivos, afetivos e comportamentais. Diferenciamos preconceito de discriminação, mostrando que o primeiro se refere a crenças e valores negativos em relação a um grupo social, e o segundo diz respeito a ações e práticas de distinção e diferenciação. Apontamos os mecanismos de manutenção do preconceito: a socialização e o conformismo. Por fim, falamos sobre o estereótipo, atributo dirigido a determinadas pessoas e grupos, que funciona como uma espécie de rótulo, e o estigma social, que consiste numa contundente rejeição de características físicas ou convicções pessoais que se opõem às normas culturais predominantes e que geralmente levam à marginalização daqueles que as possuem.

*Indicação cultural*

CRASH – No limite. Direção: Paul Haggis. Produção: Bob Yari Productions. EUA: Imagem Filmes, 2004. 115 min.

Esse filme apresenta uma trama que envolve histórias e personagens ligados entre si pelos desentendimentos raciais, oriundos do preconceito e da crença em estereótipos e estigmas sociais.

## Atividades

1. Com base na leitura do capítulo, defina o que é preconceito.
2. O que é discriminação?
3. O que é estigma social?

( **10** )

O combate às desigualdades

*Ana Paula Comin de Carvalho*

Assim como foram muitas as lutas e as mobilizações políticas contra as desigualdades sociais ao longo da história da humanidade, diversas foram as interpretações sobre a melhor forma de combatê-las. O objetivo deste capítulo é trazer algumas dessas formulações sobre o tema e, em seguida, contextualizar a formulação e a aplicação de políticas afirmativas desde suas origens até os dias atuais. Tais elementos permitirão que o leitor se situe melhor nos debates contemporâneos sobre a promoção da igualdade de gênero, raça e etnia.

(10.1)

# O debate teórico sobre a igualdade

Segundo o filósofo britânico David Miller (1996), as exigências por direitos iguais diante da lei e de participação política equivalente aos demais grupos sociais marcaram o último século e tornaram a igualdade um ideal social com força prática. Esses tipos de igualdade (jurídica e política) foram assegurados, ao menos teoricamente, em grande parte dos países do mundo, em geral sob a égide de regimes democráticos.

As mobilizações políticas continuaram ocorrendo, mas agora tinham como objeto a igualdade social, isto é, o tratamento igual em todas as esferas institucionais que afetam as suas oportunidades de vida: na educação, no trabalho, nas oportunidades de consumo, no acesso aos serviços sociais, nas relações domésticas, entre outros. Mas, o que significa afinal ser tratado com igualdade? Vários pensadores tentaram responder a essa questão de forma distinta, mas, apesar das diferenças em suas interpretações, podemos agrupá-las em duas posições: a de igualdade de oportunidades e a de igualdade de resultados.

Sob a perspectiva da igualdade de oportunidades, todos deveriam ter a mesma possibilidade de alcançar os benefícios e as recompensas que uma sociedade torna disponíveis. Ou seja, não deveria haver barreiras artificiais em relação a algumas pessoas nem privilégios sociais, dando a outras uma vantagem injusta. Uma igualdade de acesso formal precisaria ser assegurada a todos. Desse modo, a posição a que uma pessoa chega numa sociedade – o seu trabalho, a sua renda, o seu patrimônio, entre outros – deveria depender apenas dos seus esforços, das suas capacidades e da sua livre escolha. Tomemos o exemplo de uma corrida. Se todos, independente das suas diferenças, pudessem participar dela, a posição em que chegariam na reta final dependeria somente do seu preparo físico prévio. Ainda que vários não tenham condições de ganhar a corrida, eles teriam a mesma oportunidade de competi-la.

No entanto, muitos acham que a eliminação da discriminação formal não seria suficiente para assegurar uma genuína igualdade de oportunidades. Os indivíduos deveriam receber um ponto de partida igual, especialmente por meio da educação. Assim, as barreiras podem assumir a forma de preconceitos e expectativas que impedem os membros de determinados grupos de concorrerem a vagas numa universidade ou ingressarem numa carreira. Uma questão polêmica desse debate é se as políticas de ação afirmativa, ou compensatória, que buscam estimular as mulheres e as minorias étnico-raciais a aproveitarem essas oportunidades são incompatíveis com a igualdade de oportunidades ou são os melhores meios de alcançá-la.

Na visão da igualdade de resultados, existem alguns aspectos que geram discussões. O primeiro deles é: igualdade de quê? O segundo se refere a como medir a igualdade, enquanto o terceiro diz respeito a qual tipo de igualdade deve ser valorizada. Sob o primeiro ponto, a mesma renda pode não implicar igualdade, já que cada indivíduo tem necessidades e responsabilidades específicas. Duas pessoas podem ganhar o mesmo salário, mas, como têm despesas diferenciadas, isso não quer dizer que elas vivam na mesma condição.

Então deveríamos procurar saber se elas desfrutam de igual bem-estar? Mas isso também seria complicado, pois isso varia de indivíduo para indivíduo. Uma tentativa de resolver esse impasse é proposta pelo economista indiano

Amartya Sen (2000), o qual afirma que as pessoas deveriam desfrutar de capacidades básicas iguais. Para tanto, os recursos teriam que ser distribuídos de tal forma que cada pessoa pudesse ser capaz de exercer o mesmo conjunto de capacidades.

O desacordo referente ao primeiro aspecto também está presente quando a questão é a forma como medir a igualdade. Qual critério devemos utilizar para definir se a distribuição de renda numa sociedade é mais ou menos justa? A distância de valores entre os que ganham mais e os que ganham menos? A renda média por indivíduo ou família? Deveríamos dar mais peso à desigualdade existente nos estratos de renda mais baixos ou mais altos? Todas essas indagações demonstram que não estamos diante de uma questão meramente técnica, mas eminentemente política, isto é, do que a sociedade considera relevante.

Dessa forma, como nos lembra Miller (1996), se a igualdade de oportunidades parece ser um ideal amplamente compartilhado no pensamento do século XX, a igualdade de renda é um tema muito mais controverso. Pensadores conservadores alegam que a busca da igualdade é incompatível com a liberdade, pois ela coloca em risco as bases da economia de mercado e é um esforço inútil, já que novas formas de desigualdade certamente irão surgir para substituir as que foram suprimidas.

Um exemplo disso pode ser encontrado no campo do conhecimento. Não saber ler e escrever implica um acesso muito restrito aos bens sociais. Tal desigualdade vem sendo fortemente combatida por meio de políticas estatais no campo da educação.

No entanto, com o surgimento de novas tecnologias de informação, começou a se produzir uma nova desigualdade entre aqueles que as dominam e os que não conseguem fazê-lo. Os pensadores liberais dão maior peso à igualdade de oportunidades e só aprovam a igualdade de renda na forma de um nível mínimo de provisão, ao qual cada pessoa teria direito. O salário mínimo, por exemplo, seria um mecanismo para garantir essa renda básica a cada trabalhador.

Apenas na tradição socialista a igualdade de renda se tornou um valor fundamental. Contudo, muitos socialistas argumentam em favor da maior igualdade de situação material e poucos são a favor da completa igualdade, concepção presente apenas na perspectiva comunista.

Os socialistas das democracias ocidentais, em geral, são comprometidos com um ideal de igualdade social que tem os seguintes parâmetros: as diferentes recompensas que as pessoas recebem devem corresponder às reais diferenças de esforços e capacidades; ninguém deve ter um padrão de vida abaixo de um mínimo prescrito, e o âmbito da desigualdade não deve ser tão grande a ponto de dar origem a divisões de classe.

Esse último aspecto é importante, já que, numa sociedade em que as pessoas se encontram divididas entre si por barreiras de classe social, é pouco provável que elas compreendam e sintam solidariedade pela situação das outras.

Outra questão importante é saber se até mesmo uma ideia moderada de igualdade como esta é viável em uma sociedade moderna. Supondo-se que o mercado continue a desempenhar um papel central na produção e na distribuição de bens e serviços, parece inevitável que desigualdades substanciais continuem a surgir dos sucessos e fracassos das pessoas na concorrência econômica. É muito difícil controlar diretamente tais desigualdades.

O filósofo político norte-americano Michael Walzer (1983) elaborou uma proposta denominada *igualdade complexa*. Segundo esse autor, a sociedade moderna incorpora certo número de esferas de distribuição em que diferentes bens são alocados de acordo com os critérios vigentes naquele campo específico. Se as fronteiras entre as esferas forem respeitadas, o destaque de uma pessoa na esfera econômica pode ser compensado pelo de outra na esfera social, ou de uma terceira no campo político. Desse modo, o pluralismo social poderia levar a um tipo de igualdade em que nenhuma pessoa superasse decisivamente outra. No entanto, a posição econômica exerce muita influência nas sociedades atuais, em especial na capacidade de uma pessoa obter outros bens sociais: como reputação, poder político, educação, entre outros.

(10.2)

# O histórico das políticas públicas de ação afirmativa

De acordo com o etnólogo Carlos Moore Wedderburn (2005), o conceito de ação afirmativa teve sua origem na Índia, logo após a Primeira Guerra Mundial, antes mesmo que esse país se tornasse independente do Império Britânico. No ano de 1919, Bhimrao Ramji Ambedkar (1891-1956), jurista, economista, historiador e membro de uma casta considerada "intocável" propôs a representação diferenciada dos segmentos populacionais designados e considerados como inferiores na sociedade indiana. Para ele, isso significava instituir políticas públicas diferenciadas e constitucionalmente protegidas em favor da igualdade para todos os segmentos sociais.

Como nos lembra Wedderburn (2005), o sistema de castas indiano é uma milenar estrutura de opressão, embutida nos conceitos religiosos do hinduísmo. Ele se organiza em torno de conceitos de superioridade e inferioridade, de pureza e impureza, que envolvem critérios religiosos e sociorraciais.

Historicamente, tal sistema se articula em torno de quatro castas formais, das quais as três primeiras são consideradas superiores e a quarta, inferior, pois, segundo o hinduísmo, foi criada por Deus para servir às três castas superiores.

Ao longo do tempo, esse sistema se tornou mais complexo, com a criação de múltiplas castas subalternas fora do sistema formal, designadas intocáveis. Estas, conforme a religião hindu, por serem poluídas, devem obediência e sujeição a todas as demais castas, inclusive à casta inferior. Ainda existem populações tribais conhecidas como tribos estigmatizadas, que vivem fora do sistema de castas, relegadas ao último estágio de inferioridade.

Ainda segundo esse autor, visando romper com esse sistema milenar, Ambedkar apresentou aos órgãos coloniais britânicos a demanda pela representação eleitoral diferenciada em favor das classes oprimidas. Esse ato tornou-se um dos principais motivos dos embates ideológicos que emergiram entre os nacionalistas indianos.

Mahatma Mohandas Gandhi (1869-1948), promotor da luta pela independência da Índia e pertencente a uma casta superior, opôs-se à noção de ação afirmativa porque acreditava que qualquer tentativa de mudar o *status quo* entre as castas, por meio de mecanismos legais, dividiria o país e levaria a uma guerra civil entre as castas superiores e inferiores, provocando o massacre destas últimas. Ele defendia que somente uma mudança de mentalidade das castas superiores e a independência da Índia libertariam as castas inferiores. Gandhi, inclusive, ameaçou suicidar-se em público se a Grã-Bretanha adotasse os mecanismos de ações afirmativas em favor dos "intocáveis".

Conforme Wedderburn, Ambedkar argumentava que seria impossível desmantelar o sistema de castas sem a adoção de medidas específicas que favorecessem a mobilidade social dos segmentos oprimidos. Como os dirigentes nacionalistas precisavam da totalidade do apoio dos indianos para alcançar a independência da nação, viram-se obrigados a ceder a várias exigências de Ambedkar, que reivindicava a inclusão de instrumentos de ação afirmativa na constituição da Índia independente. Em 1950, ele próprio redigiu a parte da Carta Magna indiana referente a essas questões. Os seus artigos 16 e 17 proíbem a discriminação com base na raça, casta e descendência, abolem a intocabilidade e instituem um sistema de ações afirmativas denominado *reserva*, ou *representação seletiva*, nas assembleias legislativas, na administração pública e nas redes de ensino.

Tais políticas, como aponta o autor (Wedderburn, 2005), foram fortemente combatidas pelas castas superiores, mas, apesar disso, o Estado tentou reforçá-las aumentando, em 1980, e dez anos depois, os percentuais das cotas de participação. Após décadas de ofensivas destinadas a derrubar as políticas de ação afirmativa e retirá-las da constituição, os políticos de ultradireita passaram a reclamar a implantação de cotas em favor das castas superiores.

Como o caso da Índia, analisado por Wedderburn, demonstra, as políticas de ação afirmativa, ao contrário do que geralmente se acredita, não se iniciaram nos Estados Unidos nos anos 1960, mas emergiram a partir das lutas pela descolonização após a Segunda Guerra Mundial, quando foram aplicadas com a denominação de *indigenização* ou *nativização*.

Após a independência da Índia e do Paquistão (1947) e da Indonésia (1949), outros países africanos e asiáticos tiveram que enfrentar o desafio de substituir, num curto espaço de tempo, os europeus, que, durante o regime colonial, monopolizaram todos os postos de comando da sociedade, até mesmo nas redes de ensino.

Decretos, cotas e outras medidas eram impostas para fomentar a criação de quadros nativos capazes de governar essas nações. As políticas de ação afirmativa serviram para resolver problemas de desigualdades internas, historicamente herdadas pelos países recém-independentes.

Na perspectiva desse autor (Wedderburn, 2005), como resultado da luta da comunidade negra estadunidense por direitos civis, desencadeada nos anos 1950, os Estados Unidos incorporaram, na década seguinte, à sua legislação e prática social, mecanismos que surgiram do contexto de descolonização do mundo afro-asiático. A oficialização das políticas de ação afirmativa para esse segmento desencadeou novas ideias e propostas que permitiram reivindicações de outros grupos discriminados dentro do país, como os nativos estadunidenses, as mulheres, os idosos, os deficientes físicos, os homossexuais, os imigrantes, entre outros.

Para Wedderburn, a experiência dos negros estadunidenses reforçou, tanto nos EUA quanto em outros países da Europa, a luta das mulheres pela igualdade em todas as esferas da vida pública e privada. A mobilização específica destas popularizou o conceito de políticas públicas de ação afirmativa e, em especial, do mecanismo de cotas como um dos seus principais instrumentos.

Nos anos 1990, de acordo com esse autor (Wedderburn, 2005), a Comunidade Europeia adotou o conceito de paridade representativa das mulheres nos postos de comando da sociedade por meio das cotas, visando garantir a sua participação nos partidos, parlamentos e governos. Nesse mesmo período, os países latino-americanos começaram a incorporar cotas mínimas para candidaturas femininas em todos os partidos políticos. Em ambos os casos, identificam-se resultados promissores, com o aumento da participação das mulheres na esfera política. Existe uma opinião pública favorável ao mecanismo de cotas baseada no gênero, mas existe grande resistência em relação às políticas dessa mesma natureza para negros e indígenas na América Latina.

Mas por que isso acontece? Alguns argumentam que a implementação dessas medidas comprometeria as relações étnico-raciais existentes, tidas como presumidamente harmônicas. A miscigenação da população seria outro elemento impeditivo à execução de qualquer tratamento diferenciado do fenômeno da pobreza e da marginalização. Além disso, os adversários das ações afirmativas alegam que estaríamos importando mecanismos estadunidenses, que comprometeriam o mérito, a preservação da excelência acadêmica e fomentariam um racismo às avessas.

Trata-se de uma questão muito complexa que tem mobilizado, na atualidade, vários segmentos da sociedade brasileira à medida que muitas universidades federais, estaduais e particulares têm implementado cotas para negros e indígenas. Perguntas sobre como definir quais devem ser os indivíduos beneficiados com essas políticas surgem a todo o instante, o que nos remete à discussão sobre raça e etnicidade.

Como vimos, não são simplesmente as características físicas que definem a identidade de uma pessoa e o seu pertencimento a um grupo social, mas elas podem tornar seus portadores alvos fáceis de preconceito, discriminação, estereotipização e estigmatização, mecanismos que contribuem fortemente para a naturalização das desigualdades sociais.

Não temos a pretensão de fornecer respostas a essas questões, mas esperamos que a leitura deste livro permita a você construir sua própria interpretação sobre essa realidade social.

( . )

## Ponto final

Neste capítulo, abordamos parte do debate teórico sobre a igualdade, o qual apresenta duas concepções distintas: a igualdade de oportunidades e a igualdade de resultados. Tratamos também da contextualização da formulação e da aplicação de políticas afirmativas voltadas para o combate das desigualdades de gênero, raça e etnia, desde suas origens até os dias atuais.

### Indicação cultural

DUBET, F. O que é uma escola justa? *Cadernos de Pesquisa*, São Paulo, v. 34, n. 123, p. 539-555, set./dez. 2004. Disponível em: <http://www.scielo.br/pdf/cp/v34n123/a02v34123.pdf>. Acesso em: 11 set. 2008.

Acesse o texto indicado para saber mais sobre o debate da promoção da igualdade a partir da implementação de políticas compensatórias no âmbito da educação.

# Atividades

1. No que consiste a perspectiva da igualdade de oportunidades?
2. No que consiste a perspectiva da igualdade de resultados?
3. No que consistem as políticas afirmativas?

# Referências

ALLPORT, G. W. *The Nature of Prejudice*. Wokingham: Addison-Wesley, 1954.

BAMBERGER, J. O mito do matriarcado: por que os homens dominam as sociedades primitivas? In: ROSALDO, M.; LAMPHERE, L. (Coord.). *A mulher, a cultura e a sociedade*. Rio de Janeiro: Paz e Terra, 1979. p. 233-254.

BANTON, M. Etnogênese. In: ____. *A ideia de raça*. São Paulo: M. Fontes, 1977. p. 153-173.

BARBOSA, R. M. Novas tecnologias reprodutivas conceptivas: produzindo classes distintas de mulheres? In: GROSSI, M. P.; TAMANINI, M.; PORTO, R. (Org.). *Novas tecnologias reprodutivas conceptivas*: questões e desafios. Florianópolis: Letras Livres, 2003. p. 1-195.

____. Relações de gênero, infertilidade e novas tecnologias reprodutivas. *Revista Estudos Feministas*, Florianópolis, ano 8, n. 1, p. 212-228, 2000.

BARCELLOS, D. M. de. *Família e ascensão social de negros em Porto Alegre*. 1996. Tese (Doutorado em Antropologia Social) – Museu Nacional, Universidade Federal do Rio de Janeiro, Rio de Janeiro, 1996.

BARTH, F. Grupos étnicos e suas fronteiras. In: POUTIGNAT, P.; STREIF-FENART, J. *Teorias de etnicidade*: seguido de grupos étnicos e suas fronteiras de Fredrik Barth. São Paulo: Ed. da Unesp, 1998.

BEAUVOIR, S. *O segundo sexo*. São Paulo: Círculo do Livro, 1949.

BENEDETTI, M. *Toda feita*: o corpo e o gênero das travestis. Rio de Janeiro: Garamond, 2005.

BOTTOMORE, T. Diferenciação social. In: OUTHWAITE, W.; BOTTOMORE, T. (Org.). *Dicionário do pensamento social do século XX*. Rio de Janeiro: J. Zahar, 1996.

BOURDIEU, P. *A dominação masculina*. Rio de Janeiro: Bertrand Brasil, 1999.

BRASIL. Constituição da República Federativa do Brasil de 1988. *Diário Oficial da União*, Brasília, DF, 5 out. 1988. Disponível em: <http://www.planalto.gov.br/ccivil_03/Constituicao/Constituiçao.htm>. Acesso em: 15 set. 2008.

CHODOROW, N. Estrutura familiar e personalidade feminina. In: ROSALDO, M.; LAMPHERE, L. (Coord.). *A mulher, a cultura e a sociedade*. Rio de Janeiro: Paz e Terra, 1979.

COHEN, B. *Sociologia geral*. São Paulo: McGraw-Hill, 1980.

CORRÊA, M. *Morte em família*: representações jurídicas de papéis sexuais. Rio de Janeiro: Graal, 1983.

CORRÊA, M. V. Novas tecnologias reprodutivas: doação de óvulos. O que pode ser novo nesse campo? *Cadernos de saúde pública*, Rio de Janeiro, v. 16, n. 3, p. 863-870, jul./set. 2000. Disponível em: <http://www.scielo.br/pdf/csp/v16n3/2973.pdf>. Acesso em: 15 set. 2008.

_____. *Novas tecnologias reprodutivas*: limites da biologia ou biologia sem limites? Rio de Janeiro: Ed da UERJ, 2001.

COSTA, R. G. O que a seleção de doadores de gametas pode nos dizer sobre noções de raça. *Physis*: Revista de Saúde Coletiva, Rio de Janeiro, v. 14, n. 2, p. 235-255, jul./dez. 2004. Disponível em: <http://www.scielo.br/scielo.php?pid=S01037 3312004000200004&script=sci_arttext>. Acesso em: 15 jan. 2008.

DAMATTA, R. *Relativizando*: uma introdução à antropologia social. Petrópolis: Vozes, 1981.

DINIZ, D. O impacto das tecnologias reprodutivas nas relações parentais. *Série Anis 24*, Brasília, p. 1-5, abr. 2002.

_____. Tecnologias reprodutivas, ética e gênero: o debate legislativo brasileiro. *Série Anis 15*, Brasília, p. 1-10, out. 2000. Disponível em: <http://www.anis.org.br/serie/artigos/sa15(diniz)ntrs.pdf>. Acesso em: 16 set. 2008.

ENGELS, F. *A origem da família da propriedade privada e do Estado*. Rio de Janeiro: Civilização Brasileira, 1980.

FERNANDES, M. B. *Ritual do maçambique*: religiosidade e atualização da identidade étnica na comunidade negra de Morro Alto. 2006. 124 f. Dissertação (Mestrado em Antropologia Social) – Programa de Pós-Graduação em Antropologia Social, Universidade Federal do Rio Grande do Sul, Porto Alegre, 2004.

FERRARI, A. T. *Fundamentos de sociologia*. São Paulo: McGraw-Hill, 1983.

FONSECA, C. L. W. *Família, fofoca e honra*: etnografia de relações de gênero e violência em grupos populares. Porto Alegre: Ed. da UFRGS, 2000.

_____. Mulher-chefe-de-família? *Revista de Ciências Sociais*, [S.l.], v. 1, n. 2, p. 261-268, 1987.

FOUCAULT, M. *História da sexualidade*: a vontade de saber. Rio de Janeiro: Graal, 1979.

FREYRE, G. *Casa-grande e senzala*. 29. ed. Rio de Janeiro: Record, 1992.

_____. *Sobrados e mocambos*. 9. ed. Rio de Janeiro: Record, 1996.

FRY, P. Da hierarquia à igualdade: a construção histórica da homossexualidade no Brasil. In:_____. *Pra inglês ver*: identidade e política na cultura brasileira. São Paulo: Brasiliense, 1982. p. 87-115.

FRY, P.; MACRAE, E. *O que é homossexualidade*. São Paulo: Brasiliense, 1983. (Primeiros Passos, n. 81).

GALLIANO, A. G. *Introdução à sociologia*. São Paulo: Haper & Row do Brasil, 1981.

GIDDENS, A. *Sociologia*. 4. ed. Porto Alegre: Artmed, 2005.

GOFFMAN, E. *Estigma*: notas sobre a manipulação da identidade deteriorada. Rio de Janeiro: J. Zahar, 1975.

GREGORI, M. F. Cenas e queixas: mulheres e relações violentas. *Novos Estudos Cebrap*, São Paulo, v. 23, p. 163-175, 1989.

GRUSKY, D. Estratificação social. In: OUTHWAITE, W.; BOTTOMORE, T. (Org.). *Dicionário do pensamento social do século XX*. Rio de Janeiro: J. Zahar, 1996.

HEILBORN, M. L. *Dois é par*: gênero e identidade sexual no contexto igualitário. Rio de Janeiro: Garamond, 2004.

_____. *Mulher e políticas públicas*. Rio de Janeiro: Ibam; Unicef, 1991.

HÉRITIER, F. *Masculino e feminino*: o pensamento da diferença. Lisboa: Instituto Piaget, 1996.

IANNI, O. (Org.). *Marx*. São Paulo: Ática, 1979. (Grandes Cientistas Sociais, n. 10).

IPEA – Instituto de Pesquisa Econômica Aplicada. *Desigualdades raciais, racismo e políticas públicas*: 120 anos após a abolição. Brasília: 2008. (Comunicado da Presidência/IPEA, 4).

JASANOFF, S. *Designs on Nature*: Science and Democracy in Europe and the United States. Princeton: Princeton University Press, 2005.

KOFES, S. *Colcha de retalhos*: estudo sobre a família no Brasil. São Paulo: Brasiliense, 1982.

KONRAD, M. *Nameless Relations*: Anonymity, Melanesia and Reproductive Gift Exchange Between British Ova Donors and Recipients. New York: Berghahm Books, 2005. (Fertility, Reproduction, and Sexuality, v. 7).

LEAL, O. F. Cultura reprodutiva e sexualidade. *Estudos feministas*, Florianópolis, v. 6, n. 2, p. 376-392, 1998.

_____. *The Gauchos*: Male Culture and Identity. 1989. Tese (Doutorado em Antropologia) – University of Califórnia, Berkeley, EUA, 1989.

LÉVI-STRAUSS, C. *As estruturas elementares do parentesco*. Petrópolis: Vozes, 1982.

LIMA, M. E. O.; VALA, J. As novas formas de expressão do preconceito e do racismo. *Estudos de Psicologia*, Natal, v. 3, n. 9, p. 401--411, dez. 2004. Disponível em:<http://www.scielo.br/scielo.php?script=sci_arttext&pid=S1413-294X2004000300002&lng=en&nrm=iso>. Acesso em: 25 set. 2008.

LUNA, N. L. de A. *Provetas e clones*: teorias da concepção, pessoa e parentesco nas novas tecnologias reprodutivas. 2004. 300 f. Tese (Doutorado em Antropologia Social) – Museu Nacional, Universidade Federal do Rio de Janeiro, Rio de Janeiro, 2004.

MARTIN, E. *A mulher no corpo*. Rio de Janeiro: Garamond, 2006.

_____. *O capital*. São Paulo: Centauro, 2004. v. 4. Tomo I.

MARX, K. *O capital*. São Paulo: Centauro, 2004. v. 4. Tomo I.

_____. *O capital*: crítica da economia política. São Paulo: Difel, 1985.

MEAD, M. *Sexo e temperamento*. São Paulo: Perspectiva, 2000.

MILLER, D. Igualdade. In: OUTHWAITE, W.; BOTTOMORE, T. (Org.). *Dicionário do pensamento social do século XX*. Rio de Janeiro: J. Zahar, 1996. p. 372-375.

MORGAN, L. *A sociedade primitiva*. Lisboa: Presença, 1976.

MURARO, R. M. *Sexualidade da mulher brasileira*. Rio de Janeiro: Vozes, 1983.

NADER, L. *Naked Science*: Anthropological Inquiry Into Boundiries, Power, and Knowledge. New York: Routledge, 1996.

NASCIMENTO, P. F. G. Pagando o preço: uma etnografia do acesso ao serviço público de reprodução assistida em Porto Alegre-RS. In: ALLEBRANDT, D.; MACEDO, J. L. de (Org.). *Fabricando a vida*: implicações éticas, culturais e sociais do uso de novas tecnologias reprodutivas. Porto Alegre: Metrópole, 2007. p. 83-104.

NOGUEIRA, O. *Tanto preto quanto branco*: estudo de relações raciais. São Paulo: Queiroz, 1985.

ORTNER, S. Está a mulher para o homem assim como a natureza para a cultura? In: ROSALDO, M.; LAMPHERE, L. (Coord.). *A mulher, a cultura e a sociedade*. Rio de Janeiro: Paz e Terra, 1979. p. 67-87.

_____. Theory in Anthropology Since the Sixties. In: DIRKS, N.; ELEY, G.; ORTNER, S. (Org.). *Culture/Power/History*: a Reader in Contemporary Social Theory. Princeton: Princeton University Press, 1994. p. 372-411.

PARKER, R. *Corpos, prazeres e paixões*: cultura sexual no Brasil contemporâneo. São Paulo: Best Seller, 1991.

POUTIGNAT, P.; STREIFF-FENART, J. *Teorias da etnicidade*. São Paulo: Ed. da Unesp, 1998.

QUINTANERO, T.; BARBOSA, M. L. O.; OLIVEIRA, M. G. de. *Um toque de clássicos*: Durkheim, Marx e Weber. Belo Horizonte: Ed. da UFMG, 2001.

RAMÍREZ-GÁLVEZ, M. C. *Novas tecnologias reprodutivas conceptivas*: fabricando a vida, fabricando o futuro. 2003. Tese (Doutorado em Ciências Sociais) – Instituto de Filosofia e Ciências Humanas, Universidade Estadual de Campinas, Campinas, 2003.

RODRIGUES, V. R. *De gente da Barragem a Quilombo da Anastácia*: um estudo antropológico sobre o processo de etnogênese em uma comunidade quilombola no município de Viamão/RS. 2006. Dissertação (Mestrado) – Instituto de Filosofia e Ciências Humanas, Programa de Pós-Graduação em Antropologia Social, Universidade Federal do Rio Grande do Sul, Porto Alegre, 2006.

ROSALDO, M. A mulher, a cultura e a sociedade: uma revisão teórica. In: ROSALDO, M.; LAMPHERE, L. (Coord.). *A mulher, a cultura e a sociedade*. Rio de Janeiro: Paz e Terra, 1979. p. 33-64.

ROSALDO, M.; LAMPHERE, L. *A mulher, a cultura e a sociedade*. Rio de Janeiro: Paz e Terra, 1979.

RUBIN, G. The Traffic in Women: Notes on the "Political Economy of Sex". In: REITER, R. (Ed.). *Toward an Anthropology of Women*. New York: Monthly Review Press, 1975. p. 157-210.

SAFFIOTI, H. Contribuições feministas para o estudo da violência de gênero. *Cadernos Pagu*, Campinas, n. 16, p. 115-116, 2001.

SALEM, T. O princípio do anonimato na inseminação artificial com doador (IAD). *Physis*: Revista de Saúde Coletiva, Rio de Janeiro, v. 5, n. 1, p. 33-68, 1995.

SALEM, T.; NOVAES, S. Recontextualizando o embrião. *Revista Estudos Feministas*, Florianópolis, v. 3, n. 1, p. 65-88, 1995.

SCAVONE, L. *Dar a vida e cuidar da vida*: feminismo e ciências sociais. São Paulo: Ed. da Unesp, 2004.

_____. Tecnologias reprodutivas: novas escolhas, antigos conflitos. *Cadernos Pagu*, Campinas, n. 10, p. 83-112, 1998. Disponível em: <http://www.pagu.unicamp.br/files/cadpagu/Cad10/pagu10.05.pdf>. Acesso em: 29 set. 2008.

SCHWARCZ, L. M. *O espetáculo das raças*: cientistas, instituições e questão racial do Brasil 1870-1930. 3. ed. São Paulo: Companhia das Letras, 1993.

SCHNEIDER, D. *A Critique of the Study of Kinship*. Michigan: Michigan Press, 1992.
SCOTT, J. Gênero: uma categoria útil de análise histórica. *Educação & Realidade*, Porto Alegre, v. 15, n. 2, 1985.
SEN, A. *Desenvolvimento como liberdade*. São Paulo: Companhia das Letras, 2000.
SEYFERTH, G. A invenção da raça e o poder discricionário dos estereótipos. In: REUNIÃO ANUAL DA SOCIEDADE BRASILEIRA PARA O PROGRESSO DA CIÊNCIA, 45., 1993, Recife. *Ciência, tecnologia e qualidade de vida*. São Paulo: SBPC, 1993.
SILVA, H. *Travestis*: entre o espelho e a rua. Rio de Janeiro: Rocco, 2007.
SIMMEL, G. *O fenômeno urbano*. Rio de Janeiro: J. Zahar, 1967.
SKIDMORE, T. *O preto no branco*: raça e nacionalidade no pensamento brasileiro. Rio de Janeiro: Paz e Terra, 1989.
STAVENHAGEN, R. Classes sociais e estratificação social. In: FORACCHI, M.; MARTINS, J. de S. (Org.). *Sociologia e sociedade*: leituras e introdução à sociologia. Rio de Janeiro: LTC, 2004.
STOLCKE, V. El sexo de la biologia. *Revista Estudos Feministas*, Florianópolis, v. 6, n. 1, p. 139-155, 1998.
STRATHERN, M. Displacing Knowledge. In: GINSBURG, F. D.; RAPP, R. (Org.). *Conceiving the New World Order*: the Global Politics of Reproduction. Berkeley: University of California Press, 1995a.
____. Necessidade de pais, necessidade de mães. *Revista Estudos Feministas*, Florianópolis, v. 3, n. 2, p. 303-329, 1995b.
____. No Nature, no Culture: The Hagen Case. In: MACCOMARCK, C. E.; STRATHERN, M. *Nature, Culture and Gender*. New York: Cambridge University Press, 1992a.
____. *Reproducing the Future*: Essays on Anthropology, Kinship and the New Reproductive Technologies. Manchester: Manchester University Press, 1992b.
TAMANINI, M. Do sexo cronometrado ao casal infértil. In: GROSSI, M.; TAMANINI, M.; PORTO, R. (Org.). *Novas tecnologias reprodutivas conceptivas*: questões e desafios. Brasília: Letras Livres, 2003. p. 123-136.

____. Novas tecnologias reprodutivas conceptivas: bioética, controvérsias. *Revista Estudos Feministas*, Florianópolis, v. 12, n. 1, p. 73-107, 2004. Disponível em: <http://www.scielo.br/scielo.php?script=sci_arttext&pid=S0104-026X2004000100005&lng=en&nrm=iso&tlng=pt>. Acesso em: 29 set. 2008.
TAYLOR, J. Image of Contradiction: Obstetrical Ultrasound in American Culture. In: FRANKLIN, S.; RAGONÉ, H. (Ed.). *Reproducing Reproduction*: Kinship, Power and Technological Innovation. Philadelphia: University of Pennsylvania Press, 1998. p. 15-45.
THOMPSON, C. Strategic Naturalizing: Kinship in an Infertility Clinic. In: FRANKLIN, S.; MCKINNON, S. (Ed.). *Relative Values*: Reconfiguring Kinship Studies. Durham, NC: Duke University Press, 2001. p. 175-202.
VÍCTORA, C. G. As relações de gênero da Vila Divina Providência (ou, o que é que elas esperam deles). *Cadernos de Antropologia*: revista do Programa de Pós-Graduação em Antropologia Social da UFRGS, Porto Alegre, v. 7, p. 15-28, 1992.
VOGT, C.; FRY, P. *Cafundó*: a África no Brasil. São Paulo: Companhia das Letras, 1996.
WALZER, M. *Spheres of Justice*: a Defense of Pluralism and Equality. New York: Basic Books, 1983.
WEBER, M. *Economia e sociedade*. Brasília: Ed. da UnB, 2000.
____. *Ensaios de sociologia*. Rio de Janeiro: J. Zahar, 1979.
WEDDERBURN, C. M. Do marco histórico das políticas públicas de ações afirmativas: perspectivas e considerações. In: SANTOS, S. A. dos. (Org.). *Ações afirmativas e combate ao racismo nas Américas*. Brasília: MEC, 2005.
WILLIAMS, JR., R. M. Preconceito. In: OUTHWAITE, W.; BOTTOMORE, T. (Org.). *Dicionário do pensamento social do século XX*. Rio de Janeiro: Zahar, 1996.
ZAMBRANO, E. Transexualismo e cirurgia de troca de sexo no Brasil: diálogo entre a Medicina e o Direito. *Boletin Electrónico Ciudadania Sexual*, Peru, n. 4, 2003. Disponível em: <http://www.ciudadaniasexual.org/boletin/b4/Transexualismo%20e%20cirurgia.pdf>. Acesso em: 29 set. 2008.

# Gabarito

*Capítulo 1*
1. Acesso a bens sociais e distribuição desigual destes.
2. Normas legais e informais.
3. Processo por meio do qual as diferenças entre grupos ou categorias particulares de indivíduos constituem-se como fatos sociais, isto é, são tidos como significativos nas relações sociais.

*Capítulo 2*
1. d
2. c
3. b

*Capítulo 3*
1. O sistema sexo-gênero (como ficou conhecido no Brasil) tinha como objetivo separar os dois diferentes níveis, o biológico e o social, presentes na antiga noção dos papéis sexuais. O sistema de sexo-gênero é um conjunto de arranjos por meio do qual a sociedade transforma o sexo biológico em produto da atividade humana e no qual as necessidades do sexo e da sexualidade são satisfeitas. O gênero não pode

ser tomado como um reflexo do sexo biológico, e sim como uma construção social. Ao dizer isso, estamos considerando que a atribuição de significados masculinos ou femininos está relacionada aos elementos de classe social, à orientação sexual, à fase de vida, às especificidades étnicas e religiosas, e às questões políticas, de tal forma que não podemos pensar em um masculino e um feminino e, sim, numa pluralidade de "masculinidades" e "feminilidades".
2. Bourdieu e Héritier criticam as autoras feministas pelo autocentramento de suas análises. Essa perspectiva, que foi também defendida por Scott, questiona a eterna posição de vítimas que as mulheres ocupam em grande parte das teorias feministas. Além disso, Bourdieu argumenta que a dominação masculina é uma forma de dominação eminentemente simbólica. Como tal, ela só pode ser exercida com a colaboração dos dominados. Nesse sentido, é preciso indicar o papel das próprias mulheres no reconhecimento dessa dominação masculina como legítima, à medida que elas também reproduzem as mesmas normas que as oprimem na socialização de seus filhos, tanto homens quanto mulheres.
3. A ideia de um sexo dividido em dois, masculino e feminino, é uma característica da nossa sociedade ocidental moderna, a qual não pode ser generalizada para outras culturas nem mesmo tomada como modelo para padronizar os diferentes grupos que compõem as nossas sociedades complexas. Uma das autoras que procura desconstruir a oposição entre feminino e masculino, bem como a oposição entre natureza e cultura, é Marilyn Strathern. Essa autora propõe uma definição de gênero como operador privilegiado de diferenças sociais, da nossa sociedade ocidental moderna, que adquire legitimidade social por imputar à natureza uma essência diferencial, não levando em conta que a própria noção de natureza é construída culturalmente.

### Capítulo 4

1. O ponto de partida do feminismo foi a contestação da exclusão das mulheres na proclamação dos direitos universais na Revolução Francesa, em 1789.
2. Estavam centrados nos significados da maternidade, numa melhor compreensão das relações conjugais e no combate à violência contra a mulher.
3. Elas podem adquirir uma nova configuração, mais centrada na substância genética do que nas relações sociais.

### Capítulo 5

1. Os estudos sobre a violência doméstica foram extremamente significativos para a consolidação de um campo de estudos sobre as mulheres e as condições de opressão feminina no Brasil. Essas pesquisas tinham como principal objetivo explorar tanto as dimensões físicas quanto simbólicas de situações empíricas de violência perpetuadas contra mulheres, dentro de suas casas, a fim de demonstrar que os fenômenos de violência não estavam relacionados apenas às características individuais dos agressores, mas refletiam uma ordem social mais ampla, que rege as relações entre homens e mulheres. Os dados coletados serviriam como uma espécie de comprovação, tanto da rebeldia das mulheres em relação às normas sociais que as oprimiam, quanto da atuação dos homens como algozes diante das situações em que seu poder fosse questionado.
2. Para Fry e MacRae, do ponto de vista dos "papéis sexuais" todas as relações nessas sociedades são "heterossexuais". O "masculino", do ponto de vista social, tem sempre relações sociais com o "feminino", independentemente do sexo biológico. Os autores ponderam que, de certa forma, esse quadro pode ser estendido para pensar numa divisão tradicional ou "popular" de papéis sexuais, na sociedade brasileira. Nesse sentido, a feminilidade é definida pelo papel "passivo" nas relações sexuais, enquanto a masculinidade seria definida pelo papel "ativo" durante a prática sexual. Assim, no que tange às práticas entre pessoas do mesmo sexo biológico, teríamos a seguinte configuração: homem x "bicha", bem como "sapatão" x mulher, constituindo invariavelmente o masculino e o feminino. Essa perspectiva dificulta a compreensão da diversidade de expressões de gênero que compõem a realidade social, a partir de seus próprios significados.
3. Construção de uma abordagem vitimizadora da mulher: para Gregori, as cenas de violência envolvem uma atuação da mulher na produção de si como um não sujeito, submisso e objeto de agressões. Isso não significa culpar as vítimas ou então justificar as agressões, mas sim entender o contexto no qual a violência de gênero se desenrola, as razões que fazem os sujeitos perpetrarem a violência e suportarem que ela seja usual em suas vidas. Durante muito tempo, as pesquisadoras professavam um conceito de gênero cuja definição estava fundamentada numa premissa relacional, mas tinham grandes

dificuldades em incluir os homens nas pesquisas. Heilborn, estudando as relações de conjugalidade igualitária entre casais de *gays*, lésbicas e heterossexuais no Rio de Janeiro, argumenta que certos ideais do movimento feminista, tais como igualdade e autonomia, não são universalmente válidos e, sim, parte de uma ideologia ocidental moderna pautada por convicções individualistas.

Capítulo 6
1. c
2. d
3. a

Capítulo 7
1. b
2. d
3. b

Capítulo 8
1. b
2. a
3. d

Capítulo 9
1. É uma atitude hostil contra um indivíduo, simplesmente porque ele pertence a um grupo desvalorizado socialmente.
2. A discriminação é o ato de estabelecer diferenças, distinções e separações. Ela é a materialização do preconceito.
3. Consiste numa contundente rejeição de características físicas ou convicções pessoais que se opõem às normas culturais predominantes e geralmente levam à marginalização daqueles que as possuem.

Capítulo 10
1. Sob a perspectiva da igualdade de oportunidades, todos deveriam ter a mesma possibilidade de alcançar os benefícios e as recompensas que uma sociedade torna disponíveis. Ou seja, não deveria haver barreiras artificiais em relação a algumas pessoas nem privilégios sociais dando a outras uma vantagem injusta. Uma igualdade de acesso formal precisaria ser assegurada a todos.
2. Os indivíduos deveriam estar num ponto de partida igual, especialmente em se tratando da educação. Assim, as barreiras podem assumir a forma de preconceitos e expectativas que impedem os membros de determinados grupos de concorrerem a vagas numa universidade ou ingressarem numa carreira, por exemplo. Uma questão polêmica desse debate é se as políticas de ação afirmativa ou compensatória, que buscam estimular as mulheres e as minorias étnico-raciais a aproveitarem essas oportunidades, são incompatíveis com a igualdade de oportunidades ou são os melhores meios de alcançá-la.
3. São mecanismos legais de incentivo à participação de determinados grupos sociais em esferas importantes da vida pública, como a política, a educação, entre outras.

O selo FSC® é a garantia de que a madeira utilizada na fabricação do papel deste livro provém de forestas que foram gerenciadas de maneira ambientalmente correta, socialmente justa e economicamente viável, além de outras fontes de origem controlada.

Impressão: Global Print

Julho/2018